Das kleine Buch vom
Kaffee

DINZLER
KAFFEERÖSTEREI

Das kleine Buch vom
Kaffee

CHRISTIAN

INHALT

VORWORT

Isolde Richter,
Mitinhaberin und Leitung der Bohnenläden:

»Als ich die Dinzler Kaffeerösterei vor 18 Jahren gekauft habe, hätte ich mir niemals vorstellen können, in was für eine wunderbare Geschichte ich da hineingerate. Natürlich war es anfangs ein steiniger, harter Weg. Wir hatten viele Ideen, deren Umsetzung viel Kraft gekostet hat, aber häufig hatte mein Mann das richtige Gespür. Vor allen Dingen die Begegnungen mit den Menschen in den Anbauländern bewegen mich immer noch sehr. Mit diesem Buch geben wir tiefe Einblicke in unsere Arbeit und die des Kaffeebauern. Ich wünsche mir, dass es die Augen öffnet, sodass die Arbeit in den Anbauländern mehr geschätzt und honoriert wird. Unsere Kaffeeakademie ist ein weiterer Schritt, der es allen ermöglicht, noch tiefer in die Welt des Kaffees einzusteigen.«

Max Bauer, Kaffeeröster:

«Eigentlich war es nur ein Nebenjob, der mich zur Dinzler Kaffeerösterei geführt hat. Die Kaffeebohnen und auch die Atmosphäre in dieser Firma ließen mich nicht mehr los. Als man mir vor mittlerweile mehr als zehn Jahren eine Ausbildung zum Röstmeister anbot, musste ich nicht lange überlegen und widme mich seitdem der Welt der Kaffeebohnen. Durch meine vielfältigen Aufgaben als Röstmeister habe ich über die Jahre mein Wissen rund um den Kaffee erweitert und vertieft, sodass mir die Idee, ein Kaffeebuch zu schreiben, sehr verlockend erschien. Ich denke, wenn Sie das Buch komplett gelesen haben, betrachten Sie Ihren Filterkaffee, Cappuccino oder Espresso noch einmal mit ganz anderen Augen. In diesem Sinn: Genießen Sie Ihren Kaffee!«

Thomas Steinke,
Leiter Gastronomie und Dinzler-Akademie:

»Der Mann meiner Schwester, Klaus Dinzler, Gründer und Namensgeber der Rösterei, bat mich zuweilen um Hilfe beim Kaffeerösten. Als immer mehr Arbeit anfiel, habe ich mich ganz dem Kaffee gewidmet. Die Arbeit in der Kaffeerösterei hat mich fasziniert, aber ich bin jemand, der gerne zusammen mit anderen Menschen arbeitet. Aus diesem Grund habe ich in den Bereich Gastronomie gewechselt, den ich noch heute leite. Zusätzlich gebe ich unsere Baristakurse. So war es für mich nicht sehr schwer, mein Wissen in Form dieses Buchs an Sie, weiterzugeben. Mit etwas Übung gelingen Ihnen die Kaffeespezialitäten in diesem Buch und sollten Sie ein Problem haben: Kommen Sie bei uns vorbei und zögern Sie nicht, mich um Rat zu fragen.«

Dinzler Kaffee-rösterei & ihre Geschichte

KAFFEE IST UNSERE LEIDENSCHAFT

Was ist Kaffee? Ein Getränk, klar, aber noch viel mehr. Kaffee ist Genuss, er umspielt den Gaumen mit so vielen verschiedenen Aromen, dass man gar nicht mehr mit dem Probieren aufhören mag. Kaffee ist auch Faszination, er zieht mit seinem Facettenreichtum jeden in seinen Bann. Kaffee ist aber auch Emotion, er begeistert, verlangt nach der richtigen Behandlung und auch nach einem passenden Ort, an dem er getrunken werden kann. Und Kaffee ist Leidenschaft. Wer ihm einmal verfallen ist, kommt nicht mehr davon los. Doch Kaffee ist auch Kultur und Lebensqualität. Lebensqualität für den Kaffeegenießer, aber auch für den Kaffeebauern, der von dem Rohstoff lebt, den er kultiviert, pflegt und erntet. Das Thema Kaffee ist sehr vielschichtig und komplex, zugleich nicht leicht zu durchschauen, wahnsinnig spannend und schön.

Das denken zumindest wir bei der Dinzler Kaffeerösterei: Wir finden sogar, dass Kaffee ein so schönes Thema ist, dass wir es mit unseren Gästen und somit auch mit Ihnen teilen wollen. Deshalb halten Sie jetzt dieses Buch in den Händen, und deshalb haben wir uns mit unserer gläsernen Produktion und unserem großen Kaffeehaus am Irschenberg für unsere Gäste geöffnet. Wir möchten, dass unsere Kunden sehen, was wir machen, und wir

Den Gast so behandeln, wie man selbst behandelt werden möchte, ist die Philosophie des Dinzler-Teams.

hoffen, dass unsere Begeisterung für Kaffee auf jeden einzelnen überspringt. Jeder soll schmecken, was unser Seniorchef Franz Richter einmal sagte: »Wir sind vom Herzen her Kaffeeröster.« Was von großer Bedeutung dafür ist, ob jemand gerne zu uns kommt, ist unsere Leidenschaft für Kaffee und damit die Atmosphäre bei uns im Haus. Und auch hier hat Franz Richter die Unternehmensphilosophie geprägt. »Unsere Leidenschaft ist Kaffee, und unsere Leidenschaft sind unsere Mitarbeiter. Wenn wir Leidenschaft vorleben und unsere Mitarbeiter in ihrer beruflichen Entwicklung nicht hemmen, wachsen sie über sich hinaus – und von oben hat man eine ganz andere Perspektive.«

Doch nicht nur Leidenschaft und beruflicher Ehrgeiz sind von großer Bedeutung für die Entwicklung der Dinzler Kaffeerösterei. Unser Bestreben war und ist es stets, unseren Kunden gegenüber ehrlich zu sein. Diese Ehrlichkeit spiegelt unser Kaffeehaus wider. Es knüpft an alte, längst vergessene Kaffeehauszeiten an, soll ein Ort sein, an dem man sich gerne aufhält. Viel Holz und Kronleuchter sind wichtige Einrichtungselemente, zugleich ist das Kaffeehaus modern. Die großen Fensterflächen ermöglichen einen Blick nach außen auf die Berge, die Heimat von Dinzler. Auch die Unterteilung des Kaffeehauses wurde den heutigen Bedürfnissen angepasst: Die Selbstbedienungsbar im Eingangsbereich verströmt ein wenig italienische Atmosphäre. Hier herrscht manchmal ganz schön viel Trubel. Die langen Holztische direkt neben der Bar laden zu einem kleinen

Frühstück oder einer etwas längeren Kaffeepause ein. Das gemütliche Restaurant im 1. Stock lädt zum Verweilen ein. Doch egal wie viel los ist, wir fertigen niemals einen Gast einfach nur ab. Wir nehmen unsere Arbeit sehr wichtig, was zur Folge hat, dass wir auch jeden Besucher wichtig nehmen. Wir wollen unsere Gäste so behandeln, wie wir selbst gerne behandelt werden – eigentlich wollen wir sie zu unseren Freunden machen, das ist unsere Philosophie.

Viel Holz und Tageslicht prägen das gemütliche Restaurant.

Und Urlauber haben uns auch längst entdeckt. Ist doch die A8 die Route in den Süden, die fast jeder schon einmal genommen hat. Da halten viele auf der Heimreise an und nehmen Kaffee von der Dinzler Kaffeerösterei mit nach Hause – und sogar viele Italiener auf dem Weg zurück in den Süden kaufen bei uns Bohnen für ihren Espresso.

»Wir müssen unseren Mitarbeitern die Leidenschaft zum Kaffee vorleben und Geborgenheit schaffen, genau das geben sie dann an unsere Kunden weiter.« Auch dieser Satz stammt von Franz Richter. In dieser Aussage spiegeln sich sein Streben, seine Motivation und seine Liebe zum Produkt wider. Bei Dinzler dreht sich alles um den Kaffee, er hält uns zusammen – und damit ist nicht die Familie im engeren Kreis, sondern jeder einzelne Mitarbeiter gemeint. Gemeinsamer Einsatz für die Sache, die Bereitschaft zu arbeiten und die Liebe zum Kaffee haben die Dinzler Kaffeerösterei zu dem gemacht, was sie heute ist: ein Unternehmen mit knapp 200 Mitarbeitern in den Betrieben in Rosenheim und am Irschenberg.

Doch bis dahin war es ein langer Weg. Ausschlaggebend war und ist wohl noch immer das Vertrauen, dass Franz Richter in seine Mitarbeiter hat. »Wenn wir einen Menschen einstellen und davon überzeugt sind, dass er der richtige für die zu besetzende Position ist, dann lassen wir ihn gewähren.« Doch das soll nicht über die hohen Anforderungen hinwegtäuschen, die der Seniorchef an

Hier trifft man sich zum Brunch, zum Mittagessen oder auf ein Stück Kuchen – der Kaffee darf natürlich nicht fehlen.

sich selbst und auch an sein Team hat: »Ich überlege immer, wo unsere Stärken sind, frage mich, was wir besser können, und dann wird gearbeitet: klar, sauber und schnell, so geht das.« So hat er mit seinem kleinen Team anfangs auf das Ziel hingearbeitet, eines Tages in Deutschland im Segment der Spitzenkaffees einer der Marktführer zu sein – zu einer Zeit, als Spezialitätenkaffee und Espresso in Deutschland noch nahezu unbekannt waren. Dieses Ziel hat er erreicht, nun geht es weiter:

Ende 2017 öffnet die »Kaffeeakademie« am Irschenberg, geballte Kaffeekompetenz auf 4.000 Quadratmetern mit Kaffeemaschinen-Showroom, einer Kaffeeakademie für Wissbegierige, einer großen Konditorei sowie Raum für Veranstaltungen, Ausstellungen ... und was dem Unternehmen Dinzler noch so alles einfällt. Doch zurück zu den Wurzeln, zu einer Geschichte über Wachstum, die beteiligten Personen – und natürlich viel Kaffee.

Die Firmengeschichte – aller Anfang ist schwer

Alles begann in den 1950er-Jahren. Das Wirtschaftswunder zeigte seine Auswirkungen auf das Leben der Bevölkerung, Kaffee wurde zum Volksgetränk, das sich alle leisten konnten, aber guter Kaffee war Mangelware. Für den Lebensmittelkaufmann Otto Dinzler schien deshalb die Entscheidung, in seinem Heimatort Bischofswiesen mitten im Berchtesgadener Land eine Kaffeerösterei zu eröffnen, eine zukunftsträchtige Geschäftsidee. Und er sollte recht behalten: Das kleine Unternehmen florierte und wuchs – nicht nur wegen der konsumfreudigen Kunden, sondern auch weil sich Dinzler auf Qualität verstand. Anfangs röstete er mithilfe eines kleinen Handrösters etwa 1.000 Kilogramm Kaffee pro Jahr.

Als Otto Dinzler schwer erkrankte, übernahm sein Sohn Klaus 1962 das Geschäft und röstete weiter Kaffees. Sechs Jahre nach dem Tod seines Vaters setzte

Klaus Dinzler alles auf eine Karte, röstete nur noch feinste Gourmetkaffees und verkaufte diese in den umliegenden Gastronomiebetrieben – ein Novum auf dem deutschen Kaffeemarkt: Er kreierte Mischungen und Rezepturen, die ihm niemand nachmachen konnte. Bereits im Jahr darauf wagte Klaus Dinzler einen weiteren, ganz entscheidenden Schritt: Als erster Kaffeeröster Südbayerns suchte er die Zusammenarbeit mit Kaffeemaschinenherstellern. Er arbeitete eng mit WMF und Bremer zusammen.

1975 investierte Klaus Dinzler dann in einen neuen Trommelröster und eine neue Verpackungsmaschine. Als einer der Ersten definierte er mit Gastronomen gemeinsam die Feinabstimmungen für die Mahlgrade und gab dieses Wissen dann an die Kaffeemaschinenhersteller weiter. Reisen in die Metropole Mailand brachten Klaus Dinzler auf neue Ideen: Die Bars dort sind stets gut besucht, zubereitet werden vor allem Espresso und Cappuccino. Er dachte sich, das kann ich auch, kaufte Edelkaffees zum Verkosten, eine kleine Gaggia-Maschine zum Üben und legte los.

Er röstete unzählige Chargen Espresso, verkostete, röstete, verkostete – bis er ihn hatte, seinen richtig guten Espresso. Jetzt fehlte nur noch die Kundschaft. Das Problem: In der Gastronomie herrschte immer noch die Meinung vor, dass guter Kaffee günstig sein muss. Zudem war niemand bereit, in die Ausbildung des Personals und in teure Maschinen zu investieren.

Doch Klaus Dinzler gab nicht auf. 1986 wagte er einen erneuten Vorstoß: Diesmal holte er die Kaffeemaschinenhersteller mit ins Boot, um gemeinsam mit ihnen die Gastronomen zu überzeugen. Nun kam auch endlich sein schon vor Jahren entwickelter Espresso »Il Gustoso« auf den Markt – mit der erste in Deutschland geröstete Espresso. Die ortsansässigen Italiener musste Klaus Dinzler nicht lange überzeugen: In kürzester Zeit belieferte er sämtliche italienische Lokale im Berchtesgadener Land, mittags tranken deren Inhaber ihren Espresso bei ihm. Die deutschen Gastronomen schworen jedoch weiterhin auf Café Crème für Vollautomaten. Für sie kreierte Klaus Dinzler mit Franz Richter die Bistro-Mischung. Franz Richter war zu diesem Zeitpunkt noch ein überaus erfolgreicher Vertreter der Firma WMF im Bereich Kaffeemaschinen. Ein junger Münchner Designer kreierte das erste Dinzler-Logo: die Dinzler-Tasse in Azurblau auf weißem Grund. Er entwarf auch den ersten Laden von Klaus Dinzler im neuen Bischofswiesener Einkaufscenter. Parallel zu alldem tüftelte er mit Franz Richter hartnäckig an einer Verbesserung von Kaffee und Kaffeemaschinen. Sie wollten den perfekten Espresso. 1990 hatten sie ihn, den optimierten Espresso »Il Gustoso«. Er zählt bis heute zu den meistverkauften Espressi der Dinzler Kaffeerösterei. Während Klaus Dinzler stets von seinem Motto, »Das können wir auch«, angetrieben wird, stellt sich Franz Richter die Frage: »Wo sind unsere Stärken, was können wir besser?« Und setzt das dann in die Tat um.

Im hauseigenen Bohnenladen bekommt man stets frisch gerösteten Kaffee.

Mit dem Espresso »Roma«, kam einige Jahre später ein typisch süditalienischer Espresso, mit kräftigen, erdigen Noten auf den Markt. Thomas Steinke, der Schwager von Klaus Dinzler, kannte sich zu diesem Zeitpunkt bereits gut mit der Thematik aus. Er arbeitete seit 1989 für die Kaffeerösterei. Klaus Dinzler war jetzt *der* Espressoröster im süddeutschen Raum, er röstete bereits zu gleichen Teilen Kaffee und Espresso – und sein Unternehmen wuchs weiter.

Da jedoch keine Nachfolger aus der Familie in Sicht waren, entschloss er sich aus Altersgründen, das Geschäft zu verkaufen: 1998 wurde Isolde Richter Eigentümerin der Dinzler Kaffeerösterei, zwei Jahre später auch Franz Richter. Sie haben das Unternehmen geprägt und zu dem gemacht, was es heute ist. Das Menschliche, das Familiäre, das Persönliche: Dies alles zu sehen und in

**Die Inhaberfamilie Richter mit dem Vorstand
Rolf Fischer (links) und Thomas Steinke (rechts)**

den Mittelpunkt jeglichen Handelns zu stellen, ist eine Unternehmereigenschaft, die die neuen Firmeninhaber mitbrachten. Dazu gesellt sich Franz Richters Leidenschaft für Kaffee und der starke Wille, im Kaffee-Spezialitätensektor in Deutschland einer der führenden Anbieter zu sein. Heute steht der Name Dinzler für gelebte Leidenschaft – Leidenschaft nicht nur für Kaffee, sondern auch für Kultur. Auch Thomas Steinke ist dem Unternehmen treu geblieben, er leitet heute den Bereich Gastronomie und Ausbildung.

Am 1. Juni 2000 zog die Rösterei nach Rosenheim in die Innstraße um. Zudem setzten die neuen Besitzer umgehend eine innovative Strategie in die Tat um, ohne dabei die Qualitätsphilosophie aus den Augen zu verlieren. Isolde Richter erinnert sich noch gut an die ersten Jahre in der Rösterei und daran, wie ein Freund der Familie, sie und ihren Mann für verrückt erklärt hat. Aber auch daran, dass sie sich durch nichts von ihrem Plan abhielten ließen, und an die Weitsicht ihres Mannes: Er erkannte sofort, dass sich der Firmensitz für weiteres Wachstum mehr in Richtung München bewegen muss. Auch die Idee mit dem angeschlossenen Café kam von ihm – und dass seine Frau dafür Kuchen backen soll. Ihr Apfel-Schmand-Kuchen war der Grundstein für die Gastronomie der Dinzler Kaffeerösterei und ist noch heute fester Bestandteil des Sortiments. Als die Nachfrage nach den Kuchen beständig zunahm, holte sie sich Hilfe im Ort und stellte zwei Frauen ein. Kurze Zeit darauf hieß es dann: Wir müssen Mittagessen anbieten. Auch dies setzte die tatkräftige Unternehmerin um – und kochte einen großen Topf Suppe. Ob es nun eher die anpackende Art von Isolde oder der in die Zukunft gerichtete Blick von Franz Richter war, auf denen der Erfolg des Familienunternehmens beruht, sei dahingestellt. Das Ergebnis war und ist noch heute unübersehbar: Die Dinzler Kaffeerösterei ist eine feste Größe auf dem Markt der Kaffeespezialitäten und von dort nicht mehr wegzudenken. Bereits vier Jahre später waren die Kapazitäten in der Innstraße erschöpft. In der historischen Kunstmühle in Rosenheim boten sich neue Möglichkeiten: Optimierung und Vergrößerung der Rösterei, Café und feines Restaurant, Möglichkeiten für Führungen und Veranstaltungen. Matthias Richter, der Sohn der Besitzer, stieg mit ein und konzentrierte sich auf das Hauptgeschäft, die Rösterei und den Handel mit Kaffeemaschinen. Im Jahr 2005 gab es die erste öffentliche Anerkennung für die Mühen der vergangenen

Jahre. Die Dinzler Kaffeerösterei bekam den Gastro Award für das schönste Café in Bayern. Im Jahr darauf wurde der »Il Gustoso« von der Zeitschrift Feinschmecker als bester Espresso Deutschlands ausgezeichnet. 2008 erfolgte die Umwandlung der GmbH in die Dinzler Kaffeerösterei AG. Zudem begann die Dinzler Kaffeerösterei mit dem direkten Einkauf von fair gehandelten Kaffees. 2009 startete am Irschenberg der Neubau der Dinzler Kaffeerösterei mit Kaffee-Erlebniswelt, Gastronomie und Kinderkrippe, die am 3. Januar 2011 eröffnet wurde. Auch begann das Unternehmen Dinzler sich im Klinikum Rosenheim und durch Sponsoring des RSV Irschenberg sozial zu engagieren. 2016 wurde dann eine Hausrösterei mit angeschlossenem Bohnenladen im exklusiven Ambiente der Manufaktur B26 in Schwäbisch Gmünd eröffnet. Mitte desselben Jahres fand der Spatenstich zum Neu- und Umbau von Dinzler Irschenberg statt, um dort eine Kaffeeakademie zu errichten, verbunden mit Raum für diverse Veranstaltungen, Lager und Konditorei.

Ein beeindruckendes Unternehmen – getragen von der Liebe zum Kaffee

So hat die Dinzler Kaffeerösterei entschieden dazu beigetragen, die Menschen in Deutschland für das Thema Kaffee zu sensibilisieren. Trotz – oder gerade wegen des Erfolgs – war es stets oberstes Gebot bei Dinzler, der Philosophie und damit auch sich selbst treu zu bleiben. Das gilt zuallererst für Franz Richter, der sich auch schon mal mit den Worten vorstellt: »Mein Name ist Franz Richter, ich arbeite für die Dinzler Kaffeerösterei.« Dass er das nicht nur sagt, sondern auch lebt, sieht man an Tagen, an denen die Gastronomie bis auf den letzten Platz besetzt ist und er dort einspringt, wo Not am Mann ist. Er ist auch derjenige, der morgens einen Rundgang durch den gesamten Betrieb macht, beginnend in der Küche, weiter zur Bar, Konditorei und Rösterei, dann zum Controller sowie zu seiner Schwiegertochter, Heike Richter, der Personalverantwortlichen, sowie zu seiner Tochter, Katrin Richter, die gleich mehrere Positionen im Unternehmen bekleidet: Sie ist nicht nur Vorstandsmitglied und rechte Hand ihres Vaters, sondern leitet auch die Verwaltung sowie verschiedene Projekte (beispielsweise mit den Anbaupartnern). Die Dinzler Kaffeerösterei beschäftigt mehr Frauen als Männer, die Führungspositionen sind ausgeglichen mit Frauen und Männern besetzt. Die Familie steht im Vordergrund und das beginnt bei den Bauern. Isolde Richter sagt: »Unser Geschäftspartner ist der Kaffeebauer mit Familie, und wir sind eine Familie – und eigentlich ist das das Gleiche. Er nimmt das, was er tut, sehr ernst und wir auch.« Und wer dann noch Zweifel an der Leidenschaft hat, mit der die Familie Richter hinter ihrem Kaffee und dem Unternehmen Dinzler Kaffeerösterei steht, der kann sich nur wünschen, dass er einmal von seinem Lebenswerk das Gleiche wie Isolde Richter sagen kann: »Es hat sich voll gelohnt, jede einzelne Stunde war's wert!«

Kaffee & seine Geschichte

REGNO DI SENNAR, o FUNDI
detto dalli Portoghesi
FUNCHOS
e dagli Arabi
FUNGE
Kuara P.
Gne P.
Etiopi Nomadi
GAJGHE REGNO
Kolla
GAIGHER
FASCOLO
REGNO DI DEMBEA
TZANA, ó DEMBEA
Mehur
Agaw P.
Halafu
Il Lago Dembea, ó Tzana da Barosi viene detto Barcena e dagli Abissini Bahr-Dombea cioe Mare di Dembea.
WALKAJIT
TZGA DE.
SAMEN
SALAIT
ABARGALE
SALAWA
Shawada Popoli
Lasta
Agaw
Bellen
REGNO DI BAGE
A B I S S I
Sacahala Prov.
Agawi Pop.
Sabla P.
Dengla P.
Dara P.
Ateser P.
Wenjeta P
Kotla R.
REGNO DI GOIAM
SANKALA POPOLI detti altrimenti Habitationi per li Deserti
NOMADES.
REGNO
WALAKA dalli Portog. HOLE
il di cui Vice Rè è chiamata Walaka Na
Wentshit P.
Shoa Supe
REGNO DI SHOA, ó XO
Shoa Inferiore
BIZAMO REGNO.
REGNO DI CAFATE.
BORGEN
Galla Popoli
Sebla P.
REGNO DI GANZ.
REGNO DI DAMOT
Monti di Ganza
MUGAR
GURAGHE REGNO
il di cui V. Rè chiamata Guraguechum
CONT. R.
CAMBAT REGNO
Zet Prov.
Sangara Metropoli
ALAMALE.
BUZAMO.
Seba-Had-ya Popoli
male Adea pro Regno
Borham, ó Boxa
ZENDERO REGNO
ALABA REGNO.
INSIGNIA REGIS REGUM AETHIOPIAE
Miglia d'Italia
Leghe di Fran.
Leghe di Spagna
Leghe d'Alemagna
Diete
Leghe d'un ora di cam.
Si vende presso Dom. Padoani sul ponte di Rialto all'Insegna della Geografia.

Kaffee ist das Lieblingsgetränk der Deutschen. Ein Frühstück ohne ihn ist undenkbar, er ist der kleine Muntermacher zwischendurch, hilft aber auch beim Einschlafen. Heute heißt »Treffen wir uns auf einen Kaffee?« eigentlich: »Ich möchte mit dir zusammensitzen und reden.« Doch bis der Kaffee zum Kosmopoliten wurde, der verbindet und sich perfekt an die Bedürfnisse jedes Einzelnen anpasst, dauerte es einige Jahrhunderte.

EINE BOHNE EROBERT DIE WELT

Um die Geschichte des Kaffees ranken sich zahlreiche Legenden, manche von ihnen muten an wie eine Erzählung aus 1001 Nacht. So auch die des Ziegenhirten, dessen Tiere die halbe Nacht aufgedreht umherspringen, ohne müde oder erschöpft zu wirken. Als der Hirte seine Tiere genau beobachtet, entdeckt er, dass sie immer nach dem Verzehr der Blätter und leuchtend roten Früchte eines bestimmten Baums auffallend aktiv und aufgedreht sind. Neugierig geworden, probiert auch er von den Früchten des Baums und stellt die gleiche belebende Wirkung bei sich selbst fest.

Das Königreich Abessinien, aus dem das heutige Äthiopien hervorging

Einer Legende zufolge entdeckte ein Ziegenhirte zuerst an seinen Tieren die anregende Wirkung der Kaffeekirschen und verbreitete die Kunde in seinem Dorf.

Funde von Archäologen im Gebiet des heutigen Tschad weisen darauf hin, dass die Menschen bereits vor 14.000 Jahren den Kaffeebaum und dessen Früchte gekannt haben. Die ältesten Schriften über den Kaffee sind auf Ende des 10. Jahrhunderts datiert. Heute betrachtet man als Ursprungsort des Kaffees die Provinz Kaffa in Äthiopien. Von dort aus starteten die Bohnen ihre Reise um die Welt. Da der Kaffeebaum in den Tropen Afrikas seine optimalen Lebens- und Wachstumsbedingungen findet, entwickelten sich dort – abhängig von der Bodenbeschaffenheit und der jeweiligen Lage – unterschiedliche Kaffeesorten. Sie unterscheiden sich zum Teil erheblich, nicht nur aufgrund der Menge der enthaltenen Inhaltsstoffe, sondern allein schon in ihrem äußeren Erscheinungsbild. Diese Unterschiede wirken sich natürlich auf den Geschmack – und damit auf die Qualität – des aus den Bohnen zubereiteten Getränks aus; → mehr dazu siehe Seite 47 ff.

Aufgrund der geografischen Lage Äthiopiens gelangte der Kaffee schnell in die arabische Welt, wo Pilgerer dafür sorgten, dass er schon bald in aller Munde war. Kaffee avancierte zum »Wein des Islam«.

Exotische Produkte für wohlhabende Europäer

Doch zurück zum Siegeszug des Kaffees: Erst am Beginn des 12. Jahrhunderts wurde Europa auf die kulinarischen Spezialitäten aus dem Orient aufmerksam. Zunächst waren es Gewürze, die die Christen von ihren Kreuzzügen mit in die europäischen Adelshäuser brachten. Die Aristokraten wollten immer mehr davon, der Handel florierte und es entstand eine Handelsroute, die vom Jemen nach Indien und schließlich nach Europa führte. Angefacht von der Begeisterung für die außergewöhnlichen Aromen und weitere Geschäfte witternd, machten sich jemenitische Händler auf die Suche nach neuen exotischen Produkten und wurden auf dem Gebiet des heutigen Äthiopien fündig. Sie stießen dort auf muslimische Mönche, die die Kerne einer Frucht aßen, um während ihrer nächtelangen Gebete wach zu bleiben. Da die sensiblen Früchte jedoch die lange Reise über das Meer nicht unbeschadet überstanden, mussten die Pflanzen für den Anbau vor Ort eingeführt werden. So fand die bei uns heute am weitesten verbreitete Kaffeeart, *Coffea arabica*, eine zweite Heimat: in den Höhenlagen des Jemen. Für seine Verschiffung wählte man eine kleine Hafenstadt im Jemen: al-Mucha, oder Mokka. Der gleichnamige Kaffee hält die Erinnerung an den Ort, der eine so große Bedeutung für die Verbreitung des Kaffees in die ganze Welt hatte, bis heute wach. So kam der Kaffee nach Indien und fand schließlich bis zum Ende des 15. Jahrhunderts im Gepäck von Handelsreisenden auch den Weg in die Türkei sowie nach Syrien und Persien. Schon bald zelebrierten die Araber die Kaffeezubereitung und den -genuss, und es entstanden öffentliche »Kaffeestuben«. Die Araber hüteten das Wissen um den Kaffeeanbau so sorgfältig wie einen Schatz und überbrühten die rohen Kaffeebohnen mit kochendem Wasser, um sie keimunfähig zu machen. Dennoch gelangten Niederländer Anfang des 17. Jahrhunderts schließlich an keimfähige Kaffeebohnen, zogen daraus in Treibhäusern in Amsterdam Pflanzen und bauten diese in den folgenden Jahren in ihren Kolonien an. Auch die Niederländer gaben das Wissen um den Kaffeeanbau nicht weiter und bewachten das Saatgut, um das einträgliche Geschäft mit dem Kaffee beherrschen zu können. Doch Anfang des 18. Jahrhunderts breiteten sich die Bohne sowie die Kenntnisse über ihren Anbau in ganz Europa aus. Das Ergebnis: Frankreich, Großbritannien, Spanien und Portugal kultivierten in ihren Kolonien Kaffeepflanzen. Bis ins 20. Jahrhundert

Die Hafenstadt Mokka im Jemen entwickelte sich zum Umschlagplatz für Kaffee und andere Lebensmittel. Die Seefahrt durch die Weltmeere und der länderübergreifende Handel sorgt für die globale Verbreitung des Kaffees.

hinein kultivierten die Europäer den Kaffeebaum in den verschiedenen Ländern Afrikas. So kam es, dass die Kolonialmächte die bedeutendsten Anbaugebiete – den sogenannten Kaffeegürtel (→ siehe Seite 45) – bereits um 1800 erschlossen hatten.

DAS KAFFEEHAUS – VOLLENDETE KAFFEEKULTUR

Doch noch bevor sich das Wissen um den Kaffeeanbau in Europa verbreitete, fand die in der arabischen Welt längst etablierte Kaffeekultur ihr Pendant – und schließlich auch ihre Vollendung – in den Kaffeehäusern Europas. Als Vorläufer der europäischen Kaffeehäuser eröffnete 1554 in Konstantinopel, dem heutigen Istanbul, ein Kaffeeausschank. 1615 schwärmte der Italiener Pietro della Valle in einem Brief an einen Freund von einem schwarzen Getränk, das die Türken zubereiten. Er stieß wohl auf offene Ohren, denn bereits neun Jahre später kam die erste größere Lieferung Kaffee per Schiff in Venedig an. Der schwedische Naturforscher Carl von Linné ordnete die Kaffeepflanze dann 1753 in die Systematik der Botanik ein und gab ihr den Namen *Coffea arabica*.

Bereits Mitte des 17. Jahrhunderts eröffnete das erste Kaffeehaus in Venedig, das bis heute berühmte, altehrwürdige »Café Florian«, das Jahr für Jahr Tausende Besucher anzieht. Das erste Kaffeehaus in Deutschland, das »Schütting«, wurde 1673 in Bremen eröffnet, und vier Jahre später folgte ein weiteres in Hamburg. Wahrscheinlich führte dieses frühe Bekenntnis zum Kaffee und die günstige Lage der beiden Städte dazu, dass die beiden norddeutschen Ballungsräume bis heute als Kaffeestädte gelten und sich dort große Kaffeeunternehmen angesiedelt haben. Das erste Wiener Kaffeehaus entstand dann 1685, sodass man sagen kann, dass spätestens im 17. Jahrhundert ganz Westeuropa dem Bann des aromatischen Getränkes verfallen war. Als eines der ältesten, noch heute betriebenen, deutschen Kaffeehäuser gilt »Zum Arabischen Coffe Baum« in Leipzig, dort wird seit mehr als 300 Jahren Kaffee ausgeschenkt. Die Welt der Kaffeehäuser stand allerdings lange Zeit nur den Männern offen – Frauen hatten keinen Zutritt. Die Kaffeehäuser waren beliebte Orte des zuweilen angeregten Gesprächs und der Meinungsbildung, und die männlichen Gäste konnten dort auch Zeitungen lesen und sich somit viel umfassender als je zuvor informieren. Bis heute gehört zu einem Kaffeehaus – und sogar zu vielen Cafés – eine Auswahl an Zeitungen unabdingbar dazu. Sozusagen als »Gegenbewegung« luden die Frauen dann zum Kaffeekränzchen zu sich nach Hause ein.

Das erste deutsche Kaffeehaus eröffnete in Bremen.
Diese Welt war lange Zeit den Männern vorbehalten.
Kaffeehäuser waren Teil des öffentlichen Lebens,
beliebte Orte des Gesprächs und der Meinungsbildung.
Die männlichen Gäste konnten dort auch Zeitung lesen
und sich somit viel umfassender als je zuvor informieren.

1723 erreichten die Bohnen mit den Portugiesen Brasilien und gelangten von dort nach Hawaii, wo die Pflanze aber erst viele Jahre später kultiviert werden sollte. In Guatemala und Costa Rica fand der Kaffee Anfang des 18. Jahrhunderts eine weitere Heimat, einige Jahre später auch auf Kuba.

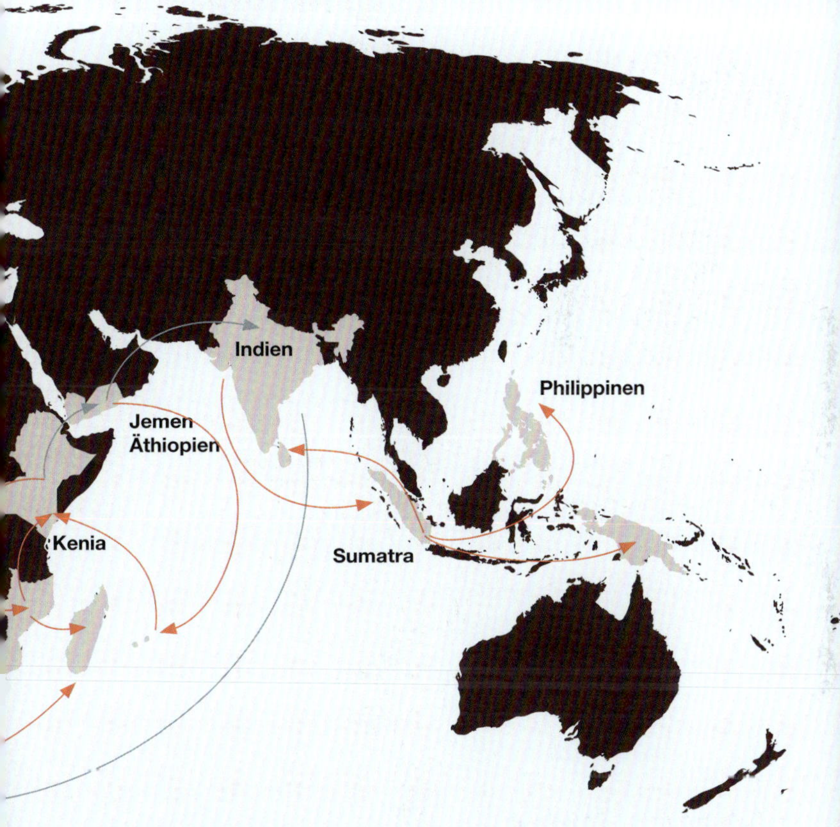

Als die Europäer immer mehr Kaffee wollten, entstand eine Handelsroute, die von Afrika in den Jemen, von da nach Indien und schließlich Anfang des 18. Jahrhunderts nach Europa führte.

Anfang des 17. Jahrhunderts gelangte das wohlgehütete Geheimnis des Kaffeeanbaus schließlich nach Europa und von dort in die Kolonien. 1740 gelangte der Kaffee über die Spanier bis auf die Philippinen.

WOHIN GEHT DER WEG – KAFFEE ALS WELTWEITES HANDELSGUT

Als nahezu alleiniger Exporteur des wertvollen Rohstoffs Kaffee kam dem Jemen im 16. Jahrhundert eine bedeutende Rolle zu. Der in der arabischen Welt verwendete Kaffee gelangte fast ausschließlich von dort in den Rest der Welt. Doch Mitte des 18. Jahrhunderts schwand die Bedeutung des Landes allmählich, und der kleine Hafen in Mokka verfiel zusehends. Heute sind die europäischen Umschlagplätze für Rohkaffee die Häfen in Hamburg, Triest, Bremen und Antwerpen. Kaffee ist mittlerweile Lebensgrundlage für mehr als 125 Millionen Menschen weltweit in den Anbau- und Verbraucherländern. In den vergangenen Jahren wurden pro Jahr stets um die 145 Millionen Sack Rohkaffee à 60 Kilogramm geerntet. Kaffee ist wichtig für die soziale Struktur jedes Erzeugerlandes, für den Lebensstandard der produzierenden Bauern, aber auch für die Staaten selbst, da er häufig das wichtigste wirtschaftliche Gut ist. Oft werden jedoch die Bauern schlecht bezahlt, und manche Regierungen machen es den Kaffeeproduzenten schwer, auf ehrliche Art ihren Lebensunterhalt zu verdienen. So sind Bauern beispielsweise durch Zollauflagen und Steuern in einer Struktur gefangen, die es ihnen unmöglich macht, andere Wege der Vermarktung oder neue Vertriebskanäle zu wählen als den über staatlich organisierte Auktionen. Als Konsument hat man zwar keinen Einfluss auf die Politik in den Anbauländern, aber wer einen hochwertigen Kaffee kauft, bei dem zurückverfolgt werden kann, woher er kommt, der unterstützt zumindest nicht die Ausbeutung der Bauern, da die Verarbeiter dieser Kaffees den Erzeugern in der Regel faire Preise bezahlen.

Kaffee, die Börse – und die Dinzler Kaffeerösterei

Kaffee ist eines der wichtigsten Handelsgüter weltweit. Obwohl zahlreiche kleinere und mittlere Röstereien wie die Dinzler Kaffeerösterei stark auf den direkten Kontakt zu Bauern, Kooperativen, Zwischenhändlern und Importeuren setzen, spielen auch hier der Börsenhandel und die damit verbundenen Preisschwankungen eine Rolle. Arabica-Bohnen werden hauptsächlich am New York Board of Trade und Robusta-Kaffee an der Londoner Börse gehandelt. Der Preis für Kaffee wird in US-Cent pro *pound* (453 g) angegeben. Man kann sagen, dass der Weltmarktpreis an der Börse der Basispreis ist, von dem aus es Auf- und Abschläge entsprechend der Qualität gibt. Der Preis kann sich dabei um 100 Prozent nach oben oder unten bewegen. Leider hat sich der Weltmarktpreis in den vergangenen Jahren auf einem Niveau eingependelt, das viele Bauern fast schon in den Ruin treibt. Der Handel für Arabica startet um 10 Uhr mitteleuropäischer Zeit. Von da ab haben die Verantwortlichen in den Röstereien, bei der Dinzler Kaffeerösterei bin das ich, Max, den Preis im Auge. Bei Dinzler hat der Börsenpreis jedoch nur bedingt Auswirkungen auf den Rohstoffeinkauf. Einen Teil der Bohnen beziehen wir zwar noch über unsere Rohkaffeehändler, aber da wir stark auf Kaffeespezialitäten setzen, kaufen wir zunehmend unsere Bohnen direkt beim Bauern, dem wir deutlich mehr bezahlen. Mein Ziel ist es, hochwertige Kaffees für einen gerechten, stabilen Preis zu kaufen. Man muss nur einmal bedenken, welche Auswirkungen diese Preisschwankungen auf den Bauern haben, der von seinem Kaffee leben muss – er hat gar keine Planungssicherheit. Der Börsenpreis ist immer nur eine Momentaufnahme, auch beeinflusst von Spekulationen durch die er nicht mehr nachvollziehbar ist. Zuweilen lagern die Brasilianer ihren Kaffee auch ein, anstatt ihn sofort zu verkaufen. Diese riesigen zurückgehaltenen Mengen wirken sich unmittelbar auf die Verfügbarkeit von Rohkaffee am Markt und damit natürlich direkt auf den Preis aus. Zudem gibt es noch das sogenannte Differential, einen Aufschlag auf den Kaffeepreis. Dieser Qualitätsaufschlag für Kaffee dient vor allen Dingen dazu, den Preis einigermaßen stabil zu halten. Geht der Preis runter, steigt das Differential.

DER ROHKAFFEEEINKAUF – DIE DINZLER KAFFEERÖSTEREI GEHT IHREN EIGENEN WEG

Da wir als hochwertige Spezialitätenrösterei unseren Kaffee zunehmend direkt einkaufen, haben wir es geschafft, uns von der Börse unabhängiger zu machen. Bereits seit einigen Jahren bezieht Dinzler seine Kaffeebohnen von kleinen Bauern und mittlerweile auch direkt und fair im Ursprungsland. Um diese »nicht zertifizierten« Kaffees zu würdigen und zu kennzeichnen, hat die Dinzler Kaffeerösterei das hauseigene Siegel »Fair Gehandelt« entwickelt. Das Siegel steht für folgende Werte und Versprechen: Kleinbauern, die hochwertigen Kaffee (Gourmetkaffee) produzieren, bekommen von der Dinzler Kaffeerösterei einen wesentlich besseren Preis als der von verschiedenen Organisationen festgesetzte Mindestpreis. Uns bei Dinzler ist es vor allem wichtig, dass der Kaffeebauer für seinen wertvollen Rohstoff einen angemessenen, fairen Preis bekommt. Zudem sind wir an der Mitfinanzierung verschiedenster Projekte, wie dem Aufbau von Schulen oder der Errichtung von Brunnen beteiligt.

Doch auch die Bauern sind nicht ahnungslos, haben Zugang zu diversen Medien und verfolgen damit das Geschehen an der Börse ganz genau. Wenn der Börsenpreis steigt, kommen sie auf mich zu, um eventuell einen noch besseren Preis für ihre Kaffees auszuhandeln. Bei den Direktimporten geht es natürlich nicht nur um die faire Bezahlung der Bauern, sondern auch um Exklusivität – das ist eine wechselseitige Abhängigkeit. Der Bauer garantiert uns, dass er seine Bohnen an keine andere Rösterei in Bayern oder Baden-Württemberg verkauft, und wir bieten ihm dafür eine bessere Bezahlung oder – anders ausgedrückt – faire und stabile Preise. Dazu kommt natürlich noch der nicht monetäre Vorteil: der intensivere, persönliche Kontakt.

Viele Planatagen haben individuelle Säcke mit ihren Logos.

Bei solchen Geschäftsbeziehungen ist Vertrauen ganz wichtig. Ein Nachteil des direkten Handels ist, dass immer eine gewisse Unsicherheit besteht, ob das Geschäft wirklich zustande kommt; selten läuft wirklich alles glatt. Vor allen Dingen in Afrika hat sich in einigen Ländern ein sehr spezielles Geschäftsgebaren etabliert, und die Liefermengen schwanken stark. Ich bin auch schon in ein Anbauland gefahren, um den Kaffee dort selbst in Augenschein zu nehmen. Abenteuerlich ist das schon.

Nicht selten machen wir längerfristige Verträge, die über mehrere Jahre gehen – das gibt der Dinzler Kaffeerösterei ebenso wie den Bauern Sicherheit. Generell lässt sich sagen, dass es je nach Land sehr schwierig ist, den Weg des Kaffees transparent zu gestalten und sicherzustellen, dass die Bauern von ihrer Arbeit leben können. Das ist eine ernstzunehmende Problematik für die es leider noch keine Lösung gibt.

Weil in vielen Ländern Europas der Preis eines Lebensmittels wichtiger ist als die Qualität, beziehungsweise weil der Preis für viele Verbraucher das Kaufkriterium ist, bekommt man als Kaffeegenießer in Europa eher selten wirklich exzellenten Kaffee. Ich frage mich immer: Wie soll das funktionieren, wenn eine Rösterei das Kilo Kaffee für 7,98 Euro anbietet? Für 1 Kilogramm verkauften Röstkaffee verlangt der Staat allein 2,19 Euro Kaffeesteuer. Zusätzlich muss man vom Preis, den der Einzelhandel verlangt, noch 7 Prozent Mehrwertsteuer abziehen. Von dem, was dann noch übrigbleibt, werden der Bauer, der Zwischenhändler, das Lager, der Röster, das Verpackungsmaterial und vieles mehr bezahlt – da muss man nicht lange rechnen, um sich vorstellen zu können, dass der Bauer mit seinem Verdienst kein sorgenfreies Leben führen kann.

Um »nicht zertifizierte Kaffees« zu würdigen und zu kennzeichnen, hat die Dinzler Kaffeerösterei ihr eigenes Siegel entwickelt.

FAIR GEHANDELT

Von der Pflanze zur Bohne

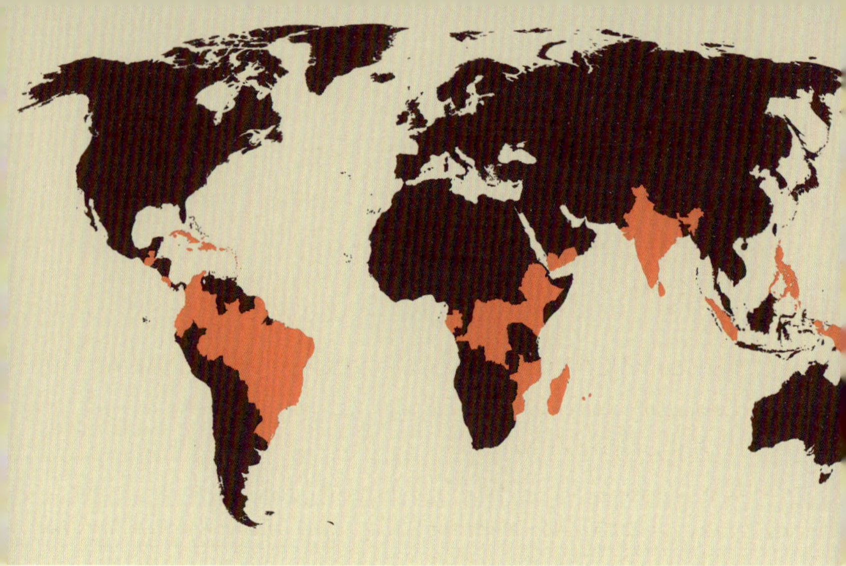

Kaffee, das »schwarze Gold«: Wer denkt da nicht sofort an das verführerische Getränk? Dass die Bohnen dafür aus den Tropen zu uns kommen, meist Arabica oder Robusta heißen und für viele Länder Wohlstand bedeuten, scheint nebensächlich. Und doch ist dieses Wissen um die Herkunft des Kaffees unerlässlich für alle, die sich ein wenig genauer mit dem wertvollen Gut beschäftigen wollen.

Entlang des Äquators liegt die Heimat des Kaffees, der Kaffeegürtel.

KAFFEEANBAU – VIELFALT DER SORTEN

Wie ein Gürtel um einen dicken Bauch spannt sich der Äquator um die Erde. Hier, zwischen dem 23. Grad südlicher und dem 23. Grad nördlicher Breite liegt die natürliche Heimat des Kaffees, der Kaffeegürtel. Der tropische Wald ist immergrün und bietet optimale Wachstumsbedingungen für den Kaffeebaum. In dieser tropischen Zone gibt es keine Jahreszeiten, sondern es herrschen das ganze Jahr über ähnliche Temperaturen. Bezüglich des Niederschlags unterscheiden sich die einzelnen Regionen zum Teil erheblich: In manchen herrscht ein beständig feucht-warmes Klima, und es regnet nahezu jeden Tag, in anderen dagegen bestimmen klar voneinander abgegrenzte Regen- und Trockenzeiten die Vegetation. Ein durchschnittlicher Kaffeebaum verlangt nach einer Niederschlagsmenge von 1.500–2.500 Millimetern pro Jahr.

Um gedeihen zu können, benötigt der Kaffeebaum aber noch mehr. Er möchte möglichst gleichbleibende Temperaturen – er mag es weder zu heiß noch zu kalt. Auch die Intensität der Sonneneinstrahlung sowie der Wind beeinflussen sein Wohlergehen. Die Bäume bevorzugen Halbschatten, direkte Sonneneinstrahlung wirkt sich negativ auf ihr Wohlergehen aus, sodass

Hanglagen bevorzugte Anbaugebiete sind. Werden die Bäume auf einer großen Ebene angepflanzt, beschattet man sie idealerweise mit sogenannten Schattenbäumen. Hierfür eignen sich zum Beispiel Bananenstauden, deren Früchte dann ebenfalls vermarktet werden können. Je nachdem, welche Gegebenheiten der jeweilige Baum vorfindet, schmecken danach auch die Kaffeebohnen – und somit der aus ihnen zubereitete Kaffee – anders. Es reicht schon aus, wenn ein- und dieselbe Varietät einmal im Hochland und einmal im Tiefland angebaut wird: Es entstehen zwei unterschiedliche Kaffees. Ab einer Anbauhöhe von ungefähr 1.000 Metern spricht man von Hochlandkaffee. Bei Hochlandkaffee handelt es sich um die weltweit am meisten angebaute Kaffeesorte Arabica. Hauptanbaugebiete für Arabica sind Brasilien, Kolumbien und Mexiko, aber auch Kenia. Robusta, die zweite neben Arabica relevante Kaffeesorte, findet in Brasilien, Indonesien, Vietnam und an der Elfenbeinküste optimale Wachstumsbedingungen vor. Doch auch wenn in den einzelnen Ländern oft die gleichen Kaffeesorten und -varietäten angebaut und geerntet werden, schmeckt man, je nach Anbauland und dem dort vorherrschenden Mikroklima, einen Unterschied zwischen den Sorten.

EINE GROSSE FAMILIE – UND JEDER IST ANDERS

Alle Kaffeesorten stammen, botanisch gesehen, aus der großen Familie der *Rubiaceae*. Carl von Linné gab der Pflanze den Gattungsnamen *Coffea*. Mittlerweile sind schon mehr als 130 Kaffeearten identifiziert, doch das sind vermutlich bei Weitem noch nicht alle. Sowohl als Genussmittel als auch hinsichtlich ihrer wirtschaftlichen Bedeutung sind *Coffea Arabica* und *Coffea Canephora* unbestritten die bekanntesten und bedeutendsten Sprösslinge der Kaffee-Familie. Die aus ihren Früchten hergestellten Kaffeesorten haben es unter den Namen Arabica und Robusta zu einiger Berühmtheit gebracht. Genau genommen sind die beiden Sorten auch keine Schwestern, sondern man könnte eher sagen, dass *Coffea Arabica* das Kind von *Coffea Canephora* ist.

Häufig befinden sich sowohl Blüten als auch Kaffeekirschen an einem Baum.

Die weißen, filigranen Blüten versammeln sich in den Blattachseln der Äste.

Alle Kaffeebohnen bilden sich im Inneren der Kaffeekirschen, also der Früchte, des immergrünen Kaffeebaums. Der Kaffeebaum ist mehrstämmig und kann eine stattliche Höhe von 10 Metern und mehr erreichen, wenn man ihn lässt. Ein kultivierter Kaffeebaum auf einer Plantage wird jedoch regelmäßig auf eine Höhe von 2–3 Metern gestutzt, damit sich die Kaffeekirschen leichter pflücken lassen. In den regenreichen Regionen blüht der Kaffeebaum mehr oder weniger das ganze Jahr hindurch. Deshalb befinden sich häufig sowohl Blüten als auch grüne und rote Kaffeekirschen zur gleichen Zeit an ein und demselben Baum. Wohingegen in den Regionen mit klar abgegrenzter Regenzeit die Hauptblüte des Kaffeebaums nach den ersten Niederschlägen beginnt, also direkt nach der Trockenperiode. Die weißen, filigranen Blüten, die nicht nur hinsichtlich ihres Aussehens, sondern auch aufgrund ihres Geruchs an Jasmin erinnern, versammeln sich in den Blattachseln der Äste. Jedoch dauert es drei bis fünf Jahre, bis ein Kaffeebaum überhaupt zum ersten Mal richtig blüht und somit wirtschaftlich interessant wird. Acht Jahre lang produziert er dann reichlich Kaffeekirschen, danach hat der durchschnittliche Baum seinen Zenit überschritten, die Erntemenge geht wieder zurück. Soweit die Gemeinsamkeiten von Arabica und Robusta – es gibt jedoch auch viele Unterschiede.

Robusta – oft verachtet und doch heiß geliebt

Heimat von *Coffea Canephora* ist die heutige Demokratische Republik Kongo. Robusta – schon der Name deutet es an – eilt ein Ruf voraus. Robust ist das Gegenteil von empfindlich, wird aber auch mit Attributen wie unsensibel und grob in Verbindung gebracht, dennoch hat es *Coffea Canephora* zu einiger Berühmtheit gebracht: Der Baum stellt nicht so hohe Ansprüche an das Klima und den Boden, ist nicht so anfällig für Schädlingsbefall und Krankheiten und toleriert höhere Temperaturen. Kurz gesagt: Das wirtschaftliche Potenzial dieser Kaffeepflanze ist beachtlich, da die Produktion relativ einfach und somit oftmals kostengünstiger ist als die des Arabica. Das sind die Vorteile des Baums. Doch auch die aus den Früchten gewonnenen Kaffeebohnen haben Stärken aufgrund derer sie bei Röstereien und Baristas beliebt sind.

Robusta – vom Baum bis zur Bohne

Dunkelgrün und länglich oval, von fester Struktur und außergewöhnlich groß – so lassen sich die Blätter des Robusta beschreiben. Die schlanken, ebenfalls länglichen Blüten kommen in dichten Büscheln aus den Blattachseln der Äste, sodass später auch die Früchte ganz nah beieinander liegen. Sie sind kleiner und runder als die eher ovalen Früchte von *Coffea Arabica*. Von der Blüte bis zur Ernte der reifen Kaffeekirschen kann es bei Robusta neun bis elf Monate dauern. Die Erntesaison erstreckt sich auf bis zu sechs Monate, die Haupternte fällt innerhalb von etwa zwei Monaten an. Robusta-Bohnen erkennt man an ihrem geradlinigen Schnitt, der längs durch die flache Seite der Bohne verläuft. Generell gedeihen Robusta-Bäume in Gegenden mit häufigem Regen und feuchtwarmem Klima besonders gut. Eine Luftfeuchtigkeit von annähernd 100 Prozent ist ideal. Die Bäume bevorzugen Temperaturen von 22–26 °C, Temperaturen unter 8 °C mögen sie dagegen gar nicht. Robusta-Kaffeebohnen, die als durchschnittliche Qualitäten auf den Markt kommen, werden meist ursprünglich, sprich trocken, aufbereitet (→ siehe Seite 87). Der Geschmack eines aus Robusta-Bohnen hergestellten Kaffees kommt eher grob und kantig daher, aber bei manchen Kaffeespezialitäten sind gerade diese Eigenschaften gewünscht. Man sagt Robusta oft einen erdigen, holzigen und würzigen Geschmack nach. Zugleich hat er aber die Gabe, einem Kaffee, der hauptsächlich aus Arabica-Bohnen besteht, Tiefe zu verleihen. Sein Koffeingehalt kann im Vergleich zu Arabica zwei- bis dreimal so hoch sein. Das ist auch ein Grund, warum Robusta-Pflanzen nicht so anfällig für Schädlinge sind: Koffein ist ein natürliches Pestizid. Der Säuregehalt des Robusta-Rohkaffees ist dagegen niedriger, was sich unter anderem in seinem etwas dumpfen und weniger feinen Aroma niederschlägt. Allerdings sagt der Säuregehalt im Rohkaffee noch nichts über die Säure im fertigen Röstkaffee und somit dessen Bekömmlichkeit aus (⟶ siehe Seite 111 ff. »Rösten«).

Arabica – die Grande Dame des Kaffees

Die Heimat des *Coffea Arabica* ist Äthiopien. Dort verbreiteten sich die Bäume, es entstanden im Lauf der Jahre Hybride und Mutationen, und noch immer sind längst nicht alle Unterarten des ursprünglichen *Arabica Typica* entdeckt und erforscht. Ein Arabica-Baum gedeiht am besten bei Temperaturen von 16–25 °C auf Höhen von 600 bis gut 2.000 Meter. Je höher die Plantage liegt, umso länger dauert es, bis die Früchte ausgereift sind. Auch entwickeln sich bei längerer Reifung mehr Inhaltsstoffe und somit auch Aromen im Inneren der Bohne. Aus diesen Gründen ist die Anbauhöhe häufig eng mit der Qualität des fertig aufbereiteten und gerösteten Kaffees verbunden. Der Arabica-Baum bevorzugt eindeutig Gegenden mit Regen- und Trockenperioden, die auch seinen Blütezeitpunkt bestimmen. Arabica enthält etwa 50 Prozent mehr Kaffeeöle als Robusta, sein

Gehalt an Polysacchariden (Mehrfachzucker) ist in etwa gleich, und der Koffeingehalt liegt deutlich unter dem von Robusta-Kaffees. Arabica kann sich – im Gegensatz zu Robusta – selbst befruchten, sodass man bereits anhand der Blüte Rückschlüsse auf die zu erwartende Ernte ziehen kann. Die Bohnen des Arabica sind im Vergleich zu Robusta-Bohnen länglicher, und ihre Farbe ist grünlich-grau. Zudem ist der Schnitt, der längs über die glatte Seite der Bohne verläuft, beim Arabica geschwungen.

Arabica – eine Sorte mit zahlreichen Varietäten

Coffea Arabica ist die meist angebaute Kaffeesorte weltweit. Aus ihr sind im Lauf der Jahre zahlreiche Mutationen und Kreuzungen entstanden. Als den Urkaffee bezeichnet man heute die in Äthiopien beheimatete Varietät *Typica*. Sie wird nach wie vor in zahlreichen Ländern angebaut und eignet sich für nahezu jede Verwendung. Die aus ihr hervorgegangenen Varietäten wurden je nach Eigenschaft gezielt weiterkultiviert oder verworfen.

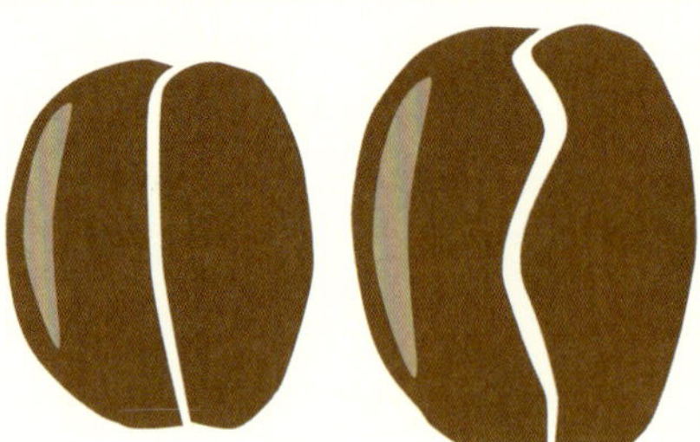

Bei Robusta-Bohnen verläuft der Schnitt ziemlich gerade (links), bei Arabica-Bohnen ist er geschwungen.

Reifung – von der Blüte zur Kirsche

Die Kaffeekirschen wachsen direkt am Ast. Da die Früchte ungleichmäßig reifen, befinden sich häufig grüne, halbreife und reife Früchte an einem Ast. Von der Blüte bis zur Ernte dauert es sieben bis neun Monate. Sobald die ersten Früchte reif sind, setzt die Ernte ein. Denn überreife Früchte verringern die Qualität des Kaffees genauso wie unreife Kaffeekirschen. Das bedeutet, dass die Pflückerinnen und Pflücker immer wieder die Bäume abgehen und abernten müssen. Eine reife Kaffeekirsche ist schön prall, leuchtend rot und glänzend. Eine Ernteperiode kann bis zu drei Monate dauern, bei Robusta sogar doppelt so lang. Liegt das Anbaugebiet direkt am Äquator ist es nicht selten, dass das ganze Jahr über geerntet werden kann. Die reife Kaffeekirsche enthält in der Regel zwei Samen, die Kaffeebohnen. Doch es gibt auch Kirschen, in denen sich lediglich eine Bohne befindet. Aufgrund ihrer Form – sie haben keine flache Seite wie »normale« Kaffeekirschen – gab man diesen die Bezeichnung *Peaberry*, korrekt übersetzt Erbsenbeere, aber im Deutschen hat sich die Bezeichnung Perlbohne durchgesetzt. Häufig tragen diejenigen Früchte nur einen Samen in sich, die sich an den Spitzen der Äste befinden, wo sie womöglich nicht mehr optimal mit Nährstoffen versorgt werden. Aber es wäre falsch, deshalb auf die Qualität der Perlbohnen Rückschlüsse zu ziehen, denn ihr Geschmack ist außergewöhnlich, und man sagt ihnen sogar »die Kraft von zwei Bohnen« nach, was sich auch in einem höheren Preis widerspiegelt.

DIE KAFFEEERNTE – DIE GUTEN INS TÖPFCHEN

Wesentlich für die Qualität des späteren Kaffees ist es, dass möglichst nur reife Kaffeekirschen gepflückt und somit auch verarbeitet werden. Die einzige Methode, die dies ermöglicht, ist das sehr zeitaufwendige selektive Pflücken von Hand. Besonders hochwertige Arabicas, die nass aufbereitet werden sollen, werden auf diese Art geerntet. Dabei ist erst einmal egal, wie groß die abzuerntende Fläche ist – für hochwertige Kaffees ist die Handpflückung die Erntemethode der Wahl.

Nicht selektiv, aber deutlich schneller, ist das *Stripping* oder die *Strip-Pflückung*. Hier breitet man Tücher unter dem Kaffeebaum aus und streift dann an den Ästen entlang, sodass die Kaffeekirschen herunterfallen.

01 Für hochwertige Kaffees werden die Kaffeekirschen per Hand gepflückt, dadurch wird der Kaffee teurer, geschmacklich hochwertiger, da nur reife Früchte geerntet werden.

02 Nach der Ernte müssen die reifen Kaffeefrüchte aufgrund der einsetzenden Gärung schnellstmöglich aufbereitet werden.

03 Das selektive Pflücken von Hand ist viel Arbeit, eine Pflückerin schafft pro Tag rund drei bis vier Eimer.

04 Die Früchte werden in Körbe oder Eimer gepflückt, welche zum Transport in Säcke entleert werden.

05 Die vollen Säcke werden nach der Ernte mit dem Traktor zur Weiterverarbeitung transportiert.

01

04

02

05

03

Dabei macht es keinen Unterschied, welchen Reifegrad die abgeernteten Früchte haben. So kann ein Pflücker mehr als das Doppelte an einem Tag ernten als bei der Handpflückung. In der Regel setzt man diese Pflückmethode nur bei nicht so hochwertiger Ware ein, die häufig trocken aufbereitet wird. Hier ist der zweite Schritt, bei dem die Kaffeekirschen gereinigt und von Fremdkörpern getrennt werden, wesentlich aufwendiger als beim selektiven Pflücken. Auf großen Plantagen, beispielsweise in Brasilien, erledigen zum Teil Maschinen das *Stripping*. Der Ertrag pro Kaffeebaum wird maßgeblich vom Alter des Baums, der Düngung, seiner Lage und auch der Pflege, die ihm zukommt, bestimmt. Es gibt eine Faustregel, wie viel Rohkaffee aus einer bestimmten Menge Kaffeekirschen entsteht: Von etwa 6 Kilogramm Früchten bleibt 1 Kilogramm grüner Kaffee übrig, davon muss dann noch der Einbrand beim Rösten (→ siehe Seite 111) abgezogen werden.

DIE ANBAUGEBIETE – EINE REISE DURCH DIE KAFFEEWELT

Da die Länder nahe des Äquators aufgrund ihrer klimatischen Gegebenheiten optimale Voraussetzungen für das Gedeihen des Kaffeebaums bieten, haben auch fast alle dieses Potenzial genutzt. Beschäftigt man sich ein wenig näher mit den Anbaugebieten und den dort vorherrschenden Kaffeevarietäten, kommt man nicht daran vorbei, sich auch mit der Geschichte einiger Kaffeenationen zu befassen. Ursprünglich spielten die Kolonialmächte – und damit auch die Beschäftigung von Sklaven auf den großen Plantagen – eine wesentliche Rolle. Später war es dann die Abhängigkeit vom Rohkaffee als Exportgut, die die Kaffeegeschichte der einzelnen Länder entscheidend mitbestimmte. Aufgrund der Vielfalt des Angebots auf dem Markt und aufgrund unseres Anspruchs, stets die besten Kaffees auszuwählen, bezieht die Dinzler Kaffeerösterei ihre Bohnen aus sämtlichen traditionsreichen Anbaugebieten. Manchmal sind es nur kleine Mengen, weil der Geschmack nur eine ausgesuchte Klientel anspricht oder weil nur eine geringe Beimischung einer Varietät gerade das Besonders eines Blends ausmacht, von manchen Bauern nehmen wir hingegen nahezu die gesamte Ernte ab, da die Qualität so einzigartig ist.

Rohkaffeeproduktion 2015/2016 Top Ten Anbauländer (in Millionen Sack Rohkaffee à 60 Kilogramm)

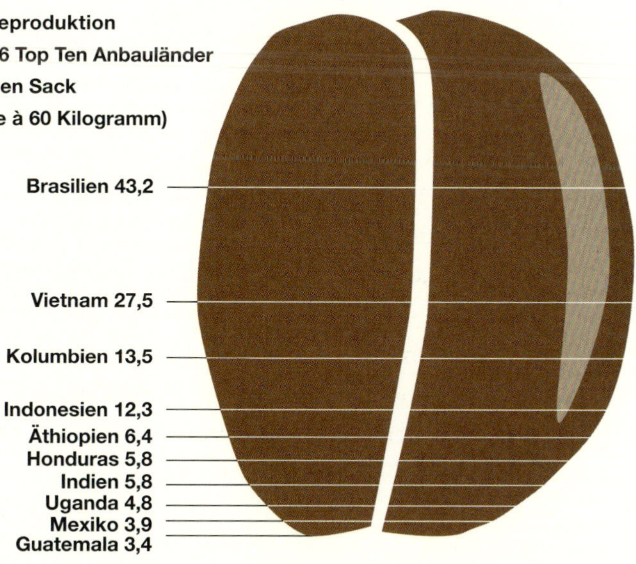

Kaffees aus Süd- und Mittelamerika über zeugen mit einer großen Vielfalt bei kon tanter Qualität. Für eine Rösterei sind d verlässliche Verfügbarkeit sowie das ausgew gene Geschmacksprofil der Kaffeebohnen vo enormer Bedeutung.

SÜD- UND MITTELAMERIKA

BRASILIEN

Die Portugiesen brachten den Kaffee nach Brasilien. Die ersten Anpflanzungen, die in Brasilien entstanden, waren riesige Plantagen, auf denen Sklaven schufteten. Schon bald nahm Kaffee als Wirtschaftsgut eine bedeutende Rolle ein, und das hat sich bis heute nicht geändert. Die Sklavenarbeit ist zum Glück Geschichte, aber noch immer gibt es in Brasilien riesige Monokulturen, auf denen mithilfe von Maschinen geerntet wird.

Zugleich produzieren in dem südamerikanischen Land aber auch zahlreiche Kleinbauern Kaffee auf ihrer *fazenda* und fahren zusammengenommen einen Großteil der Ernte ein. Mit einem Anteil von 80 Prozent ist Arabica die meist angebaute Art in Brasilien. Die hochwertigeren brasilianischen Arabicas zeichnen sich durch wenig Säure, einen guten Körper und einen leicht süßlichen Geschmack aus. In Brasilien erfolgt die Aufbereitung der Kaffeekirschen trocken, nass und auch halbtrocken.

Einer unserer Lieferanten für brasilianischen Rohkaffee ist die sozialverträglich und ökologisch bewirtschaftete Kaffeefarm Nossa Senhora de Fátima. Die *fazenda* liegt in dem Gebiet Cerrado im Bundesstaat Minas Gerais. Aus ihren Bohnen stellen wir zum Beispiel den Espresso Venezia her.

COSTA RICA

Bereits um 1800 bauten Europäer in Costa Rica Kaffee an. Als Spanien seine koloniale Herrschaft 1821 aufgab, stellte der Staat den Bauern Arabica-Kaffeebohnen für die Anzucht zur Verfügung und noch heute setzt das Land voll auf Arabicas. Da nass aufbereiteter Kaffee als hochwertiger angesehen wurde und man somit einen höheren Preis erzielen konnte, führte Costa Rica früh die nasse Aufbereitung ein.

In den 1990er-Jahren vollzog sich mit den einsetzenden Trends hin zu Spezialitätenkaffees ein Wandel in dem Land: Die mehr als 50.000 kleinen Farmer, investierten in kleine Aufbereitungsanlagen, um ihre Ernten in kleinen Chargen selbst weiterzuverarbeiten. Sie setzten neben der nassen Aufbereitung auch auf *Honey Processed* sowie die trockene Aufbereitung, und auf einmal zeigt der seit jeher gute Kaffee aus Costa Rica eine ungeahnte Vielfalt. Diese Kaffees überzeugen mit ihrer Leichtigkeit und ihrer feinen, blumigen Note. Zudem begrüßen wir es, dass der Kaffee aus Costa Rica in der Regel bis zum Bauern zurückverfolgt werden kann. Die Dinzler Kaffeerösterei bietet den Costa Rica Tarrazu an, einen feinen, leichten Kaffee mit wenig Säure und einem tollen Aroma.

GUATEMALA

Wie in vielen anderen mittelamerikanischen Ländern war es in Guatemala der Staat, der den Kaffeeanbau forcierte. Die Bauern wurden Mitte des 19. Jahrhunderts geschult und bekamen Saatgut gestellt. Allerdings scheute der Staat auch nicht davor zurück, die Ureinwohner zu enteignen, um auf ihrem Land große Kaffeeplantagen anzulegen. Bereits Ende des 19. Jahrhunderts war Kaffee das bei Weitem wichtigste Exportgut Guatemalas. Es folgten Unruhen, Streiks sowie ein Bürgerkrieg, was sich zwar auf die Menge, nicht aber auf die Güte der zuweilen exzellenten Kaffees auswirkte.

Die Arabicas aus Guatemala zählen zu den besten Kaffees weltweit. Die fruchtbaren Vulkanböden bringen Kaffees mit unterschiedlich stark ausgeprägten Aromen hervor. Wir beziehen Kaffee aus Guatemala von einer kleinen *finca*, die sich schon sehr lange in Familienbesitz befindet und seitdem beständig vergrößert wurde. Auf einer Höhe von 1.200–1.500 Metern baut der Kaffeefarmer Dariush biologischen Kaffee an. Die angebauten Kaffees sind vorwiegend Arabica-Varietäten, aber auch Robustas wachsen auf der Farm.

KOLUMBIEN

Als drittgrößter Rohkaffee-Produzent der Welt hat sich Kolumbien auf den Anbau von Arabica spezialisiert. Die Bandbreite reicht von eher leicht süß, fruchtig und blumig bis hin zu schweren nussigen Aromen. Generell kann man sagen, dass ein Kaffee aus Kolumbien milder ist als einer aus Guatemala. Aus Kolumbien kommt der Kaffee nass aufbereitet auf den Markt. Die Anbaugebiete befinden sich in den zentralen, westlichen und östlichen Anden. Als das sogenannte Kaffeedreieck Kolumbiens bezeichnet man die drei Verwaltungsbezirke Caldas, Risaralda und Quindío.

Mit dem Kaffee Columbia Buenavista aus dem UNESCO-Biosphärenreservat »Cinturón Andino« bietet die Dinzler Kaffeerösterei einen Kaffee nach den Kriterien der Sevilla-Nachhaltigkeitsstrategie an. Um den partnerschaftlichen Handel, die regionalen Wirtschaftskreisläufe und den Ressourcenschutz zu fördern, wird der Kaffee direkt und fair gehandelt. Er trägt deshalb auch das Dinzler Siegel »Fair Gehandelt«. Unser Einkäufer bezahlt den Bauer Carlos vor Ort. Aufgrund der überdurchschnittlichen Qualität seines Kaffees, der hohen Umweltstandards und dadurch, dass die Dinzler Kaffeerösterei seinen Rohkaffee zu einem fairen Preis kauft, kann Carlos seine Kinder zur Schule schicken, und die ganze Familie hat ein gesichertes Einkommen. Carlos bewirtschaftet seine *finca* allein mit seiner Familie. Wer ihm bei der Arbeit zusieht, bemerkt sofort, mit welcher Ehrfurcht und Sorgfalt er diese verrichtet.

Vom Geschmack her erinnert das Aroma des mittelkräftigen Columbia Buenavista an schwarze Johannisbeeren und frische Nüsse. Seine leichte Säure und der volle Körper machen den Genuss perfekt.

01

01 Der Kaffeefarmer Carlos Emiro

02 Carlos füllt die Quittung für seinen Pergamentkaffee aus, bevor dieser weiterverarbeitet wird.

03 Der Waldkaffee wächst im Biosphärenreservat Kolumbiens inmitten anderer Pflanzen.

04 Carlos mit seiner Familie

03

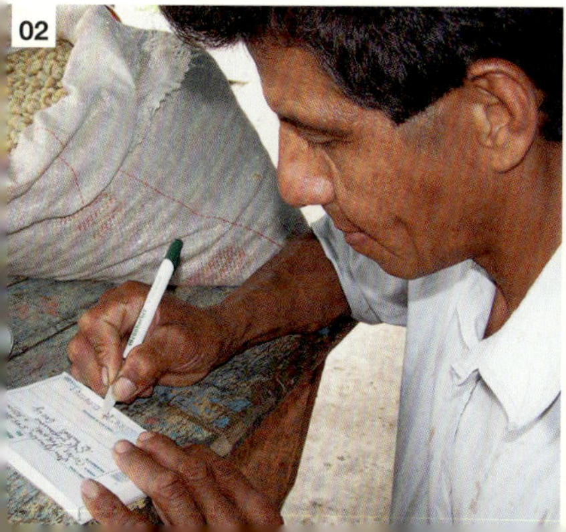

02

04

Kaffees aus der Karibik haben allesamt sehr klingende Namen, die für gut aufbereitete, sehr exklusive, hochwertige Kaffees stehen. Da die zur Verfügung stehenden Flächen auf den Inseln sehr begrenzt sind, schlägt sich dies sowohl im Angebot als auch im Preis der Kaffees nieder. Die Region bringt weiche Kaffees mit leichter Säure hervor. Zugleich hat jeder Kaffee ein ganz charakteristisches Aroma, anhand dessen er von Kaffeeliebhabern erkannt und geschätzt wird.

KARIBIK

JAMAIKA

Von Martinique aus wurde in Jamaika bereits 1728 Kaffee eingeführt. Die Karibik-Insel entwickelte sich daraufhin Anfang bis Mitte des 18. Jahrhunderts zu einer bedeutenden Kaffee-Exportnation, doch Arbeitskräftemangel – die Sklaverei wurde verboten – sowie fehlende Kenntnisse über die richtige Pflege des Bodens und der Kaffeebäume führten dazu, dass bereits 100 Jahre später der Kaffeeexport auf eine zu vernachlässigende Menge schrumpfte. Zu einer Kehrtwende kam es erst 1950, als sich die Regierung entschloss, eine Kaffeebehörde einzurichten. Zudem wurde eine klare Qualitätsrichtlinie für Blue Mountain Kaffees, sie zählen zu den teuersten Kaffees der Welt, eingeführt: Im Osten der Insel erheben sich die prägnanten »Blue Mountains« bis auf eine Höhe von 1.700 Metern. Lediglich Kaffee, der auf 900–1.700 Metern Höhe in den Gemeinden Saint Thomas, Saint Andrew und Portland wächst, darf die Bezeichnung Jamaica Blue Mountain tragen. Ganz bewusst werden die Anbaugebiete stark begrenzt, um den Preis des Kaffees hochzuhalten. Die Blue Mountain Kaffees werden ausnahmslos nass aufbereitet und sind so wertvoll, dass sie in Holzfässer gefüllt und dann ausgeflogen werden.

Generell gelangen sehr hochpreisige, damit auch die wirklichen Spitzenkaffees, nur selten nach Europa, da die Verbraucher hierzulande (noch) nicht bereit sind, wirklich Geld für Kaffee auszugeben. Bei der Dinzler Kaffeerösterei ist der Jamaica Blue Mountain eine feste Größe im Sortiment. Wir haben den luxuriösen, kräftigen und vollen Kaffee aus dem Hochland Jamaikas als Espresso geröstet. Er besticht durch seine harmonische, leichte Süße und ist rund und elegant im Geschmack.

KUBA

Bereits Mitte des 18. Jahrhunderts gelangte Kaffee nach Kuba. Und als französische Siedler während der Sklavenrevolte auf Haiti nach Kuba auswanderten, kurbelten sie den Kaffeeanbau einige Jahrzehnte später noch einmal ordentlich an, sodass der Rohstoff zu einem wichtigen Exportartikel wurde. Aufgrund des weltpolitischen Geschehens sowie der Revolution in Kuba und den damit einhergehenden Sanktionen musste der Kaffeesektor im Lauf der Geschichte gravierende Veränderungen verkraften. Heute werden auf Kuba vorwiegend Arabicas angebaut. Aufgrund der fruchtbaren Böden und des günstigen Klimas können die Kaffeebauern hochwertige Kaffees produzieren, die oft schwer sind und einen vollen Körper bei wenig Säure haben.

Die wertvollen Jamaica Blue Mountain Kaffees werden in Holzfässer gefüllt und dann ausgeflogen.

Afrikanische Kaffees bestechen durch ihre hohe Qualität sowie den oft einzigartigen, sehr fruchtbetonten Geschmack. Man erkennt sie leicht an ihrem Äußeren: Die gerösteten Bohnen haben oftmals einen charakteristischen weißen offenen Schnitt.

AFRIKA

ÄTHIOPIEN

Die Menschen in Äthiopien waren nicht nur mit die ersten, die den Kaffee, und das Potenzial, das in den kleinen Bohnen steckt, entdeckt haben, sondern sie produzieren auch heute noch Kaffees, die auf den internationalen Märkten häufig ihresgleichen suchen. Bereits im 17. Jahrhundert wurde wild gesammelter Kaffee aus Äthiopien in andere Länder verschifft, doch da die Einheimischen Kaffee schon damals selbst konsumierten, hatten sie kein besonderes Interesse daran, diesen wertvollen Rohstoffen in großem Maße zu exportieren. Wann genau Äthiopien Kaffee als Handelsgut entdeckte, ist nicht bekannt, jedoch wurde Anfang des 19. Jahrhunderts eine größere Menge Kaffee ausgeführt.

Mitte des 20. Jahrhunderts versuchte man, den Kaffeeanbau in Äthiopien in geregelte Bahnen zu lenken, doch ein Regierungssturz und die Übernahme der Macht durch das Militär machten diese Bestrebungen zunichte. Doch mit den Umwälzungen wandte sich die Landbevölkerung wieder verstärkt dem wild wachsenden Kaffee zu, was zu einer unglaublichen Vielfalt alter Varietäten auf dem Markt führte. Im Südwesten des Landes wachsen noch zahlreiche Kaffeebäume wild, die durch die heimische Vegetation natürlich beschattet werden. Dies ist der ursprünglichste Kaffee Äthiopiens, er wird als »Waldkaffee« bezeichnet.

Da die Kleinstbauern ihre Kaffeekirschen zu Genossenschaften bringen, wo sie mit anderen vermischt werden, lässt sich die Ware nicht immer bis zum Bauern zurückverfolgen. Aber in der Regel kann man auf jeden Fall die Region, in der der jeweilige Kaffee geerntet wurde, in Erfahrung bringen, und das sagt schon einiges über seine Qualität und das Geschmacksprofil aus. Viele äthiopische Kaffees werden trocken aufbereitet. Im Erntejahr 2015/2016 lag Äthiopien auf Platz fünf der Kaffee produzierenden Länder, was nicht nur verdeutlicht, welch große wirtschaftliche Bedeutung Kaffee heute für diesen afrikanischen Staat hat, sondern auch, dass der Verbraucher zunehmend edle Kaffees zu schätzen weiß. Unser Äthiopischer Mocca Sidamo ist ein echter Klassiker im Sortiment der Dinzler Kaffeerösterei. Genießer schätzen die vielfältigen Beerenaromen, die feine Säure sowie den blumig-leichten Geschmack des Kaffees.

KENIA

Einige der weltweit besten Kaffees kommen aus diesem ostafrikanischen Land. Die oft sehr hochpreisigen Hochlandkaffees gedeihen auf Höhenlagen von etwa 1.300–2.300 Metern und begeistern Connaisseure mit einem fruchtigen, körperreichen, säurebetonten Geschmackserlebnis. Als der Kaffee von Äthiopien aus seine Reise um die Welt begann, muss er einen Bogen um seinen Nachbarn Kenia gemacht haben, denn nach dort gelangte er erst Ende des 19. Jahrhunderts im Gepäck von französischen Missionaren.

In den 1930er-Jahren führte Kenia dann ein Auktionssystem ein, das noch heute Bestand hat. Wöchentlich bieten die Käufer auf die Rohkaffees, von denen sie einige Tage zuvor Proben zum Verkosten bekommen haben. Dies hat dazu geführt, dass die Bohnen oft überbewertet sind, sodass sich ein hohes Preisniveau etabliert hat. Vor Kurzem wurden die Bestimmungen gelockert und die Bauern dürfen ihre Kaffees zusätzlich direkt vermarkten.

Unsere kenianischen Kaffees beziehen wir über eine in Deutschland lebende Afrikanerin. Sie nutzt ihr Netzwerk, um den Kaffee direkt nach Deutschland zu verkaufen. Hier verdienen die Bauern durch die Direktvermarktung mehr, als wenn der Kaffee über die Auktion verkauft wird. Der Kenia Ndurutu ist ein genialer Filterkaffee aus der Dinzler Kaffeerösterei.

TANSANIA

Auch nach Tansania kam der Kaffee mit den Kolonialherren – in diesem Fall waren es deutsche Besatzer, die dem afrikanischen Volk zeigen wollten, wie man Kaffee anbaut. Als dann Großbritannien das Sagen in dem afrikanischen Land hatte, wurde der Kaffeeanbau massiv ausgeweitet, aber aufgrund von Konflikten mit den Ureinwohnern konnten sich große Plantagen nicht durchsetzen. Noch heute fahren den weitaus größten Teil der tansanischen Kaffeeernte Kleinbauern ein. Viele dieser Farmer sind in Genossenschaften organisiert.

Die Hänge des Kilimandscharo bieten optimale Voraussetzungen für den Arabica, der dort wächst. Auf den Vulkanböden gedeihen einige der besten Kaffees des Landes. Mindestens ebenso spektakulär wie der Ngorongoro-Krater sind auch die Kaffees, die aus diesem Gebiet kommen. Sie zählen zu den besten Kaffees Afrikas, haben einen ausgeprägten Körper, ein feinwürziges Aroma und eine dezente Säure.

Einer der dort lebenden, Kaffee anbauenden, Farmer ist Christian Jebsen. Er betreibt eine Kaffeeplantage am Ngorongoro-Krater und blickt auf ein mittlerweile mehr als 20 Jahre andauerndes Engagement für den nachhaltigen Kaffeeanbau und die Wahrnehmung von sozialer Verantwortung zurück. Durch den Verkauf des von ihm produzierten Kaffees wird das Songea Netzwerk in Tansania unterstützt. Kaffee, der über dieses Netzwerk vermarktet wird, wird nicht auf Basis eines Börsenpreises gekauft, sondern direkt beim Kaffeebauern zu einem mehrfachen des aktuellen Börsenpreises. Der direkt und fair gehandelte Kaffee vom Rand des Ngorongoro-Kraters wächst im Norden Tansanias auf einer Höhe von 1.700 Metern. Die Dinzler Kaffeerösterei verkauft den Filterkaffee NGoro NGoro Mountain Coffee als sortenreinen Arabica. Durch die sorgfältige, schonende Röstung wird eine Balance zwischen ausgeprägtem Körper, feinwürzigem Aroma und dezenter Säure geschaffen (⟶ siehe Reportage Seite 78 ff.).

01

02

01 Ein Mitarbeiter auf Shangri-La sortiert die frisch gepflückten Kaffeekirschen.

02 Die Kaffeepflückerinnen haben ein kleines Fest für die Gäste vorbereitet.

03 Katrin Richter und Max Bauer zu Besuch auf Jebsens Kaffeefarm

04 & 05 Impressionen aus dem Nationalpark im Ngorongoro-Krater

03

04

05

Asiatische Kaffees sind selten säurebetont. Häufig kommen sie als dunklere Röstungen mit viel Körper und Volumen auf den Markt. Sie verlangen auf jeden Fall aufgrund ihres komplexen Geschmacks nach Aufmerksamkeit beim Genuss.

ASIEN

INDIEN

Um den Ursprung des indischen Kaffees ranken sich zahlreiche Legenden, in vielen von ihnen kommt der Pilger Baba Budan vor. Einmal heißt es, dass er auf dem Heimweg von seiner Pilgerreise im Jemen sieben Kaffeesamen mitgenommen habe, obwohl dies strengsten untersagt war. Ein anderes Mal war Baba ein Eremit, der einige Kaffeesetzlinge aus dem Jemen entwendete, indem er sie sich um den Bauch band. Noch heute werden im Süden Indiens, in dem Bundesstaat Karnataka, weit mehr als die Hälfte des indischen Kaffees angebaut. Dort liegt auch der Berg Bababudangiri, wo im 17. Jahrhundert die ersten Kaffeebäume gepflanzt wurden. Die in Indien produzierten Rohkaffees zeichnen sich durchweg durch ihren geringen Säuregehalt aus. Viele der Kaffees sind ausgesprochen weich mit einem Anklang an Holz und Gewürze. Generell produziert Indien etwas mehr Robusta als Arabica, dies lässt sich mit der häufig geringeren Anbauhöhe und dem Klima Indiens erklären. Allerdings sind die indischen Robustas häufig von ausgesprochen guter Qualität. Fast der gesamte Kaffee Indiens wird von Kleinbauern produziert. Mit einer Produktionsmenge von 5,8 Millionen Sack Rohkaffee à 60 Kilogramm lag Indien im Erntejahr 2015/2016 auf Platz sieben der Rangliste der Rohkaffee produzierenden Länder. Auch wenn die Inder selbst nicht viel Kaffee trinken, werde aufgrund der riesen Bevölkerung gut 2 Millionen Sack Rohkaffee im eigenen Land konsumiert.

INDONESIEN

Indonesien umfasst zahlreiche Inseln, die ebenso viele charakteristische Kaffees hervorbringen. Java war die erste Insel, auf der die Kolonialherren Kaffee anbauen ließen. Die Niederländer sorgten dafür, dass dort bereits Ende des 17. Jahrhunderts Kaffee kultiviert wurde. Später wurde Kaffee auch auf Sulawesi und Sumatra angebaut.

Anfangs wurden in Indonesien ausschließlich Arabicas kultiviert, die allerdings der Kaffeerost 1876 komplett vernichtete. Die Bäume wurden durch die widerstandsfähigeren Robustas ersetzt, die jahrelang die einzige Kaffeesorte Indonesiens war. Erst Mitte des 20. Jahrhunderts versuchte man es noch einmal mit Arabica. Von Indonesien stammt auch der im Verdauungstrakt der Schleichkatze gegorene Kaffee Kopi Luwak (⟶ siehe Seite 95).

Viele der Plantagen im Osten des Landes sind in staatlicher Hand. Dort werden die Rohkaffees nass aufbereitet, was ihnen einen klaren Geschmack verleiht. Eine Besonderheit ist der Old Brown Java, ein Rohkaffee, der zwischen zwei und sieben Jahre lagert, bevor er exportiert wird. Dies hat erhebliche Auswirkungen auf den Geschmack – frei von Säure, mit erdigen, holzigen, moschusartigen Noten – sowie auf das Aussehen der ungerösteten Bohnen, die einen schmutzigen Braunton annehmen.

Auf Sulawesi wachsen hauptsächlich Arabicas. Neben der nassen Aufbereitung, wird auf Sulawesi auch die für Indonesien typische halbtrockene Aufbereitung *Giling Basah* praktiziert, zu erkennen an den typischen, dunkelgrün gefärbten Bohnen.

Auf Sumatra werden sowohl Robustas als auch Arabicas kultiviert. Schwere Kaffees mit wenig Säure und würzigen Noten, die bis ins Ledrige reichen, sind typisch für die Insel. Aufgrund von Wassermangel ist *Giling Basah* für viele Kaffeebauern auf Indonesien die Verarbeitungsmethode der Wahl. Auch auf anderen indonesischen Inseln wie Bali, Flores oder Timor wird Kaffee angebaut, die Erntemengen hier sind relativ gering, aber die Qualitäten teilweise beachtenswert.

Die Früchte können sowohl entlang des Zweigs als auch in Trauben wachsen.

»Wir sind eine Farm zum Anfassen«, so beschreibt der Däne Christian Jebsen seine Kaffeeplantage Shangri-La Estate. Und das meint er wörtlich. Jeder kann bei ihm im Gästehaus wohnen, das Leben und Arbeiten auf der Farm beobachten und selbst Hand anlegen. Die 500 Hektar große Farm liegt im Norden Tansanias am Rand des Ngorongoro-Kraters, eines riesigen Vulkankessels, in dem zahlreiche Wildtiere Afrikas und auch Massai-Stämme leben. Sie befindet sich auf 1.600–1.800 Metern Höhe und grenzt direkt an den Nationalpark Serengeti.

Der Kaffeefarmer Christian Jebsen (Mitte)
mit zwei seiner Supervisoren

KAFFEEANBAU IM EINKLANG MIT DER NATUR AFRIKAS

200 Hektar seiner Farm nutzt Christian für den Kaffeeanbau, auf rund 20 Hektar wachsen Avocados, und 50 Hektar stehen seinen Rindern als Weideland zur Verfügung. Zudem hält er Schweine und hat einen Gemüsegarten, sodass die Farm autark ist. Christian hat Agrarmarketing studiert – und für den Kaffeeanbau holte er sich einen Kaffeeexperten an Bord, allein das Beschneiden der Bäume ist eine Wissenschaft für sich.

Insgesamt 360.000 Kaffeebäume stehen auf Shangri-La Estate. Jeder geerntete Sack Kaffee kann bis zum Pflücker zurückverfolgt werden. »Wir machen keine Blends. Der Rohkaffee, den ich liefere, stammt stets von einem einzigen Feld«, erklärt Christian. Sein Team besteht aus 40 festangestellten Mitarbeitern und etwa 200 Casual Workers, kurz Casuals.

Der Tag auf Shangri-La Estate beginnt um 7 Uhr morgens. Dann stehen die Arbeiterinnen und Arbeiter bereits vor dem Tor der Farm. Je nach Jahreszeit fallen unterschiedliche Arbeiten an. Beispielsweise müssen im Oktober die Bäume geschnitten werden, dieses sogenannte Pruning dauert etwa sechs Wochen. Im März und April werden Bäume gepflanzt und von Juni bis Ende September werden unzählige Hände für die Haupternte benötigt. Eine Pflückerin, die selektiv nur die reifen Kaffeekirschen per Hand pflückt, schafft hier drei bis vier Eimer am Tag. Wird in einem Feld mit gut tragenden Bäumen mit weniger Sorgfalt und im Akkord gepflückt, können bis zu acht Eimer täglich geerntet werden – mit entsprechenden Abstrichen bei der Qualität. »Bei uns ist alles Handarbeit. Unsere Produktionskosten sind hoch, aber wir liefern auch eine hohe Qualität, für die wir mehr Geld verlangen können«, erklärt Christian. In Tansania gibt es eine große und eine kleine Regenzeit, direkt im Anschluss daran beginnen die Kaffeebäume zu blühen. »In den vergangenen Jahren sind die Regenzeiten unzuverlässiger geworden. Wir fiebern der Blüte jedes Jahr entgegen, denn dann können wir abschätzen, wie die Ernte wird«, berichtet er. Einen Großteil des Geldes, das der Kaffeefarmer verdient, investiert er in die Farm oder initiiert damit Projekte. So hat er 2011 einen farmeigenen Kindergarten gebaut. Zudem leisten stets vier junge Volunteers auf der Farm einen Freiwilligendienst, um das Englischniveau der Schüler, und auch der Lehrer, aufzupeppen. Bis dies alles realisiert werden konnte, hat der Landwirt einen langen Weg zurückgelegt. 1990 hatte der Däne die 1924 erbaute Kaffeefarm auf einer Safari entdeckt, »und war sofort in sie verliebt«, wie er sagt. Zu dieser Zeit befanden sich die Kaffeepreise auf einem Rekordtief. Bald jedoch stiegen die Kaffeepreise wieder, Christian erweckte seine Kaffeeplantage zum Leben und verkaufte die Bohnen an der Börse – bis zu dem Tag, an dem sein Kaffee wie aus dem

Während des Trocknens werden die Bohnen beständig gewendet und sortiert.

Nichts den zweiten Platz bei der jährlichen Verkostung des Tanzania Coffee Board gewonnen hat. Schnell erkannte er, dass der direkte Handel der Weg ist, den er einschlagen möchte. Hier kam ihm zugute, dass Kaffee zunehmend zum Lifestyle-Getränk wurde. Wenn man Christian heute zuhört und sich das Leben in der atemberaubenden Natur am Rande des Ngorongoro-Kraters vorstellt, meint man, er lebe im Paradies. Da denkt man zunächst nicht an die Schwierigkeiten, gut ausgebildete Mitarbeiter zu finden. Aber Christian Jebsen lebt und liebt seinen Kaffee: »Was wir hier machen, ist der schönste Beruf schlechthin, es ist eine Passion.«

Verarbeitung & Röstung

Von wesentlicher Bedeutung für das Aroma des fertigen Kaffees ist die Güte des Rohstoffs – und dazu gehört auch, dass die eingesetzten Früchte gleichmäßig ausgereift und optimal aufbereitet werden. Diese wichtige Verarbeitungsstufe erfolgt in den Anbauländern, da die Kaffeekirschen lange Transport- oder Lagerzeiten nicht unbeschadet überstehen würden.

DIE AUFBEREITUNG – EIN ERSTER SCHRITT ZUM GESCHMACK

Nur wenige Stunden hat der Bauer Zeit, um nach der Ernte mit der Aufbereitung der frischen Kaffeekirschen zu beginnen. Die Folge langer Wartezeiten wäre eine Verschlechterung der Kaffeequalität, oder sogar eine verdorbene Ernte. Man kann sich das leicht vorstellen: Die Kaffeekirschen liegen nach der Ernte bei relativ hohen Außentemperaturen in Säcken dicht zusammen. Da die Kaffeekirsche vergleichbar zu Obst relativ viel Wasser und Zucker enthält, setzt schnell ein sensorisch deutlich wahrnehmbarer Gärungsprozess ein.

Mithilfe eines Siebs werden Verunreinigungen abgetrennt.

An dieser Stelle ist es vielleicht interessant, einen genaueren Blick auf den Aufbau der Kaffeekirsche zu werfen: Unter der Fruchthaut der Kirsche liegt die Pulpe, das Fruchtfleisch, deren süßer Geschmack an Melonen erinnert. Eine Pektin- oder Schleimschicht trennt die Pulpe von den innenliegenden Kaffeebohnen, die wiederum jeweils von zwei Häutchen umschlossen werden: dem innenliegenden Silberhäutchen und der darüberliegenden Pergamenthaut.

Die Kaffeekirsche: Die innenliegenden Bohnen sind durch Silberhäutchen und Pergamenthaut geschützt. Um sie herum befindet sich eine Pektinschicht, die die Bohnen von der Pulpe trennt.

Bevor es mit der Aufbereitung des Rohkaffees losgeht, werden die geernteten Kaffeekirschen gereinigt. Für bessere Kaffeequalitäten werden in diesem Schritt über- oder unreife Kirschen aussortiert. Das Vorsortieren und Reinigen kann sowohl trocken mithilfe eines Siebs als auch nass erfolgen. Es dient dazu, Blätter, Steine, Schmutz und andere Verunreinigungen von den Kaffeekirschen abzutrennen.

Die trockene Aufbereitung – das älteste Verfahren

Die gewaschenen Kaffeekirschen werden zum Trocknen auf dem Boden oder auf Trockentischen ausgebreitet. Großen Einfluss auf die Trocknung hat die Beschaffenheit des Untergrunds, auf dem die Bohnen liegen. Größere Betriebe haben dafür meist leicht geneigte Betonflächen, die möglichst glatt und dunkel sein sollten, damit sie die Wärme gut aufnehmen und wieder abgeben. Aufgrund der leichten Neigung kann die entstehende Flüssigkeit ablaufen, was ebenfalls vor Fäulnis oder Schimmelbefall schützt. Kleinbauern haben manchmal Pflastersteine als Grundlage, greifen zuweilen aber zum Ausbreiten der Bohnen auch auf Trockenmatten zurück. Der Vorteil der Matten ist, dass sie bei Regenfällen oder nachts einfach eingerollt werden können, um die Bohnen zu schützen. Die Art des Untergrunds, auf dem die Bohnen getrocknet werden, wirkt sich auf die Beschaffenheit des späteren Rohkaffees aus.

Von großer Bedeutung ist jedoch stets, dass die Kaffeekirschen vor Witterungseinflüssen wie Regen oder großen Temperaturschwankungen geschützt werden. Auf großen Anlagen stehen hierfür Schutzdächer oder Planen zur Verfügung. Kleinbauern behelfen sich mit Folien, die sie über die Früchte legen. Während des Trocknens müssen die Kaffeekirschen regelmäßig gewendet werden. Auf einem Quadratmeter können auf diese Art etwa 40 Kilogramm Kirschen getrocknet werden. Von rund 15 Kilogramm Kaffeekirschen bleiben nach dem Trocknen noch 2.000–2.500 Gramm Rohkaffee übrig – was dann schließlich, je nach Röstmethode, etwa 2 Kilogramm Röstkaffee ergibt.

Während des langsamen, natürlichen Trocknens in der Sonne setzt in den Kaffeekirschen ein leichter Gärungsprozess ein, der von selbst zum Stillstand kommt, sobald die Frucht getrocknet ist. Das ist je nach Region und äußeren Einflüssen nach zwei bis fünf Wochen der Fall. Man erkennt dies daran, dass die Kirschen nicht nur geschrumpft, sondern auch richtig fest und trocken sind und sich die Farbe in Braunrot verändert hat. Angestrebt wird ein Feuchtigkeitsgehalt von etwa 12 Prozent in der Kaffeebohne. Anschließend werden die getrockneten Kirschen entweder zwischengelagert oder sofort geschält. Bohnen aus trockener Aufbereitung kommen als *unwashed* oder *natural* in den Handel.

Die nasse Aufbereitung – optimal für feuchtwarmes Klima

Regelmäßige Niederschläge und feuchte Nächte führten schnell zu Schimmelbefall an den Früchten, sodass man auf die Idee kam, das Fruchtfleisch vor der Aufbereitung zu entfernen. Für diese Nassaufbereitung wird die Schale mit dem größten Teil des Fruchtfleischs von den Bohnen entfernt. Dies geschieht in dem sogenannten Pulper. Hier schließen sich je nach Hersteller unterschiedliche Arten der Fermentation an.

Bei der Unterwasser-Fermentation nehmen die entpulpten Kirschen ein Bad in einem großen Wasserbecken oder -tank. Mithilfe von Gärung, die durch fruchteigene Enzyme einsetzt, wird dort das restliche Fruchtfleisch von den Kirschen entfernt. Denn aufgrund ihres hohen Pektingehalts haftet die Schleimschicht fest an der Pergamenthaut, und diese darf beim Entpulpen nicht beschädigt werden, da sie die Kaffeebohne schützt. Erst der Gärprozess bewirkt eine teilweise Zersetzung der Schleimschicht. Je nach Erzeuger und Land ist die dafür benötigte Wassermenge nicht unerheblich. Daher gibt es beispielsweise in Tansania Bauern, die die Terrassenaufbereitung einsetzen. Vom Pulper laufen die Früchte durch schräge Rinnen direkt in ein Becken, das an einen Hang gebaut ist. Dort erfolgt das *Floating* des Rohkaffees, das heißt, die Bohnen werden mit reichlich Wasser bedeckt. Zum Beenden der Gärung wird das Becken geöffnet und die Bohnen fallen durch die Öffnung am

01

02

01 Zum Weitertransport in den Pulper wird Wasser zu den Kaffeekirschen gegeben.

02 In dem Pulper wird die Schale mit dem größten Teil des Fruchtfleisches vo[n] den Kaffeebohnen entfernt.

03

04

05

03 Auf sogenannten »African Beds« werden die Kaffeebohnen nach der Fermentation zum Trocknen ausgebreitet.

04 Für die nasse Aufbereitung werden die entpulpten Bohnen gleichmäßig im Wasser verteilt.

05 Um die Fermentierung zum richtigen Zeitpunkt zu unterbrechen, wird immer wieder eine Probe genommen.

Boden des Beckens direkt in Netze, die in eine Art Trage eingespannt sind. Das durch das Netz abfließende Wasser wird in einem Becken aufgefangen und in zwei Schritten gefiltert, sodass es erneut verwendet werden kann. Von den Tragen werden die Bohnen auf große Trockentische, die *African Beds*, geschüttet und dort getrocknet.

Es kann bis zu drei Tage dauern, bis die Gärung unterbrochen wird. Sie muss sofort beendet werden, wenn der Schleim, der die Bohnen umgibt, abgerieben werden kann, denn es besteht die Gefahr, dass die Bohnen übergären und einen unerwünschten Geschmack annehmen.

Für die offene Fermentation, dies ist eine weitere Variante der nassen Fermentation, werden die sortierten, gewaschenen und entpulpten Bohnen nass – allerdings ohne zusätzliche Wasserzugabe – in einen Tank gefüllt. Das die Bohnen benetzende Wasser, die Flüssigkeit in dem Fruchtfleisch und die in der Schleimschicht vorhandenen Enzyme reichen aus, um den Gärprozess in Gang zu setzen. In der Regel läuft diese Art der Fermentation etwas schneller als die Unterwasser-Fermentation ab, da mehr Luft und somit Sauerstoff an die Bohnen gelangt und die Enzyme nicht »verwässert« werden. Nach der Gärung werden die immer noch von Silber- und Pergamenthaut geschützten Bohnen gewaschen, erneut gesiebt und abschließend getrocknet. Nach der nassen Aufbereitung ist die Trocknung in der Regel bereits nach 10–15 Tagen beendet. Dann ist der Wassergehalt in den Bohnen auf rund 12 Prozent gesunken, sodass der Kaffee, den man in diesem Stadium als Pergamentkaffee bezeichnet, eingelagert werden kann. Nass aufbereitete Kaffeekirschen bezeichnet man als *washed coffee*.

Die halbtrockene Aufbereitung

Unter dieser Art der Weiterverarbeitung, *semi-dry* oder auch *semi-washed* genannt, werden wieder verschiedene Verfahren zusammengefasst. Relativ neu ist die *Pulped-Natural*-Aufbereitung. Hierbei werden nach dem Sortieren die Kaffeekirschen mit etwas Druck durch einen Zylinder mit kleinen Löchern gepresst. Dadurch wird ein Teil des Fruchtfleisches entfernt und zugleich werden die unreifen Früchte aussortiert, da der Druck nicht groß genug ist, um auch diese durch die Öffnungen zu pressen. Die aussortierten grünen Früchte werden aber nicht entsorgt, sondern getrocknet und weiterverarbeitet. Nach dem Entpulpen werden die Bohnen, wie oben beschrieben, sofort getrocknet. Das verbleibende Fruchtfleisch wird mechanisch entfernt. Dennoch bleiben geringe Mengen Fruchtfleisch an der Bohne zurück – dies ist an der leicht orangefarbenen Tönung dieses Rohkaffees zu erkennen. Charakteristisch für diesen Kaffee ist eine fruchtige Süße, und man sagt ihm einen vollen, kräftigen Körper bei weniger Säure im Vergleich zu nass aufbereitetem Kaffee nach.

Der alte Trommelpulper ist ein eher simples Gerät, das die Kaffeekirschen zerquetscht und entpulpt.

Eine besondere Form der halbtrockenen Aufbereitung durchläuft der Kaffee in Indonesien, man nennt dieses Verfahren *Giling Basah*. Die Kaffeekirschen werden wie beschrieben entpulpt und dann getrocknet, bis ihr Wassergehalt bei 30–35 Prozent liegt. Anschließend wird die restliche Pulpe mitsamt der Pergamenthaut abgeschält. Die nun ungeschützte grüne Bohne wird weiter getrocknet, bis die Gefahr des Schimmelbefalls gebannt ist; sie wird dabei ungewöhnlich dunkelgrün. Durch das frühzeitige Abschälen der Haut nimmt der Kaffee einen besonderen Geschmack an, der anfangs als Defekt und somit negativ eingestuft wurde. Mittlerweile verbindet man diesen ganz speziellen Geschmack mit indonesischem Kaffee. Unbestritten ist, dass *Giling Basah* Kaffee weniger Säure hat und zudem über ganz typische Aromen wie die von Gewürzen, Tabak oder Leder verfügt.

Einen ganz besonderen Geschmack hat der Kopi Luwak, der es als Katzenkaffee zu fragwürdiger Berühmtheit gebracht hat. Die Kaffeekirschen durchlaufen nämlich den Gärungsprozess, die Fermentation, im Magen von in Indonesien lebenden Schleichkatzen, den Fleckenmusangs. Die halbverdauten Bohnen werden wieder ausgeschieden, sodass man sie den Exkrementen entnehmen kann. Da dieser Kaffee als der teuerste Kaffee der Welt gehandelt wird, müssen viele der Tiere ihr Leben mittlerweile in Käfigen verbringen, wo sie gezwungen werden, Kaffeekirschen zu fressen – nur um sie wieder auszuscheiden. Unseres Erachtens nach sollte man so etwas nicht unterstützen.

Trocken oder nass – bei dieser Frage scheiden sich die Geister

Häufig liest man, dass nass aufbereiteter Kaffee dem trocken aufbereiteten qualitativ überlegen ist, da die Aromen besser bewahrt bleiben. Diese Tatsache ist nicht ganz von der Hand zu weisen, aber man sollte sich die Fakten ansehen und sich dann eine Meinung bilden. Denn es gibt Bauern, die bewusst die ursprüngliche, trockene Art der Aufbereitung wählen, um hochwertigen Kaffee zu produzieren. Aber auch hier scheiden sich die Geister: Während die einen sagen, seine besonderen Fruchtnoten und vielfältigen Aromen seien einzigartig, bemängeln die anderen, dass sich oft auch unangenehme Noten entwickelten, durch die die eigentlich guten Bohnen fast nicht mehr genießbar wären.

Häufig werden qualitativ nicht sehr hochwertige Robusta-Varietäten, die keine hohen Preise am Markt erzielen, trocken aufbereitet. Manche Länder entscheiden sich aber eben genau aufgrund des zuweilen sehr kantigen Geschmacks der Robusta-Bohnen für eine Nassaufbereitung, weil dadurch das Aromenprofil runder wird. Man darf nie vergessen, welch große Bedeutung der Aufbereitung zukommt: Bei schlecht aufbereiteten Bohnen kann es zu sogenannten Defekten kommen. Das sind unerwünschte Geschmackskomponenten wie Gärnoten oder alkoholische, an fauliges Obst erinnernde Anklänge in der Bohne. Eine Charge mit zu vielen Defekten führt zu einer Abstufung des Rohkaffees, sodass dieser nur zu einem geringeren Preis verkauft werden kann.

Die Weiterverarbeitung

Die immer noch von der Pergamenthaut geschützten, getrockneten Bohnen werden ein bis zwei Monate lang ruhend, *in reposo*, gelagert. Noch nicht ausreichend erforscht ist, warum diese Phase notwendig ist.

Ist die Ruhephase abgeschlossen, erfolgt das sogenannte *Milling*. Die Kaffeebohnen werden in einer Mühle, dem Trocken-*Beneficio*, durch Schälen von eventuell noch vorhandenem Fruchtfleisch, der Pergamenthaut und dem Silberhäutchen befreit. Manch einer mag sich fragen, warum die schützende Pergamenthaut, die durch das Trocknen spröde geworden ist, vor dem Transport entfernt wird, doch die Erklärung ist einfach: Sie schützt nicht nur die Bohne, sondern sie verleiht ihr auch Volumen, erhöht das Gewicht und somit den Preis.

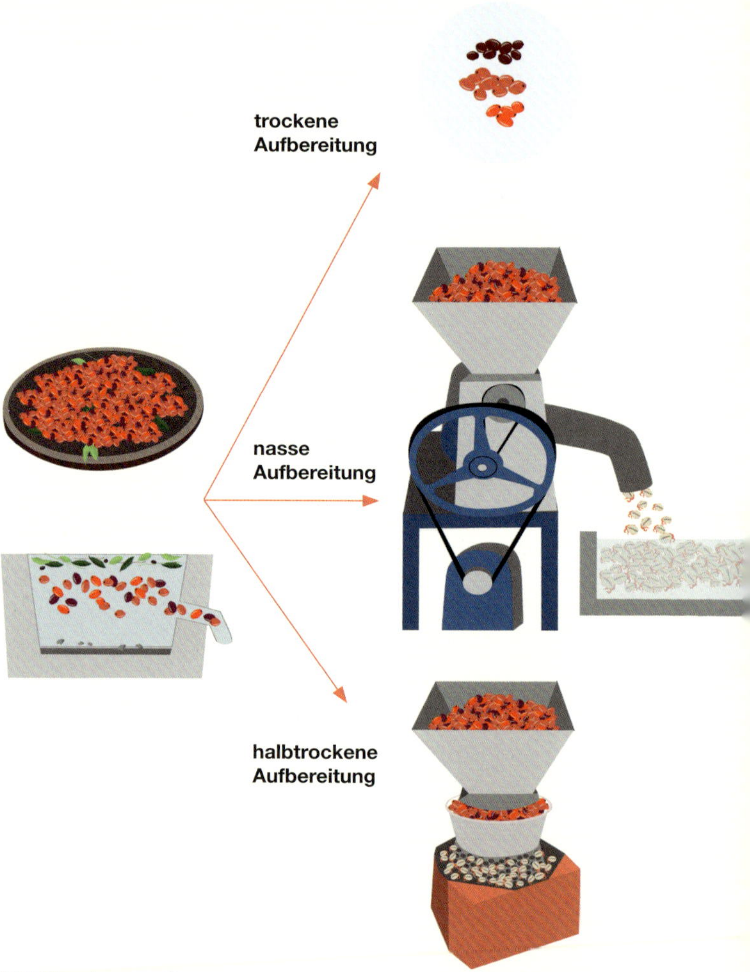

Mithilfe eines großen Siebs werden im ersten Schritt Verunreinigungen entfernt. Dann werden die Kaffeekirschen gewaschen und über ein Rohr zum nächsten Verarbeitungsschritt geleitet.

Bei der trockenen Aufbereitung setzt der Gärungsprozess während des Trocknens in der Sonne ein. Bei der nassen Aufbereitung findet dieser im Wasser-tank statt.

de der Gärung

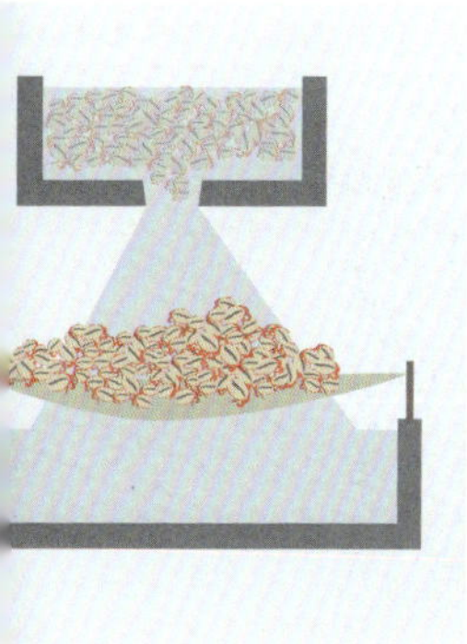

Bei der halbtrockenen Aufbereitung werden die Früchte gewaschen, entpulpt und dann getrocknet. Zum Beenden des Gärprozesses wird das Wasserbecken geöffnet und die Bohnen fallen in Netze.

Trocknen

Von den Netzen werden die Bohnen auf große Trockentische geschüttet und zum Trocknen ausgebreitet.

Schälen

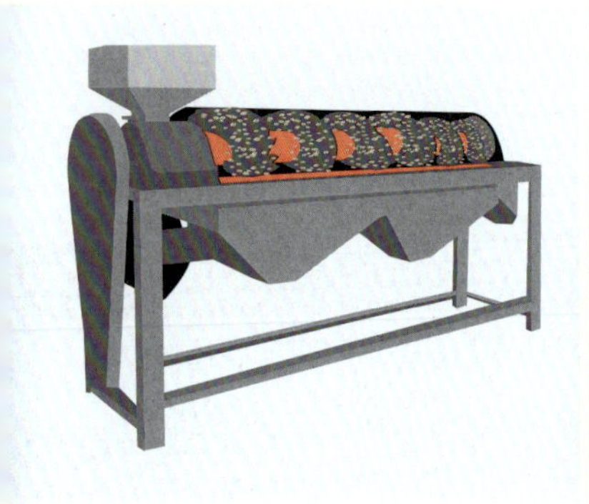

Nach dem Trocknen erfolgt das »Milling«: Die Bohnen werden in einer Mühle durch Schälen von verbliebenem Fruchtfleisch, der Pergamenthaut und dem Silberhäutchen befreit.

Sortieren

Vor dem Verpacken wird der geschälte Rohkaffee erneut gesäubert und nach Größe und Farbe sortiert.

Verpacken

Die Premiumkaffees werden in Säcke abgefüllt, deren Größe je nach Land variiert. Auch das Material der Säcke unterscheidet sich nach Herkunftsland.

Verschiffen

Die gefüllten Kaffeesäcke werden in Container gestapelt und in ein Schiff verladen. Je nach Sackgröße passen bis zu 320 Kaffeesäcke in einen Container.

Für eine Top-Qualität dürfen nur optimal ausgereifte Kaffeekirschen aufbereitet werden.

Das Sortieren – auf die Größe kommt es an

Nach dem Schälen ist der Rohkaffee im Prinzip fertig fürs Rösten, muss aber trotzdem noch einige Schritte durchlaufen, bis er abgepackt und verkauft wird. Zuerst erfolgt das Sortieren und erneute Säubern. Die Kaffeebohnen werden nach ihrer Größe, Dichte und Farbe sortiert. Die Sortierung der unterschiedlichen Größen nach Dichte ist eine Aufteilung in verschiedene Qualitäten. Denn eine Bohne mit höherer Dichte ist in der Regel auch von höherer Qualität. Hier setzt man voraus, dass die Bohnen aus Höhenlagen generell hochwertiger sind, da sie langsamer wachsen und somit eine größere Dichte entwickeln. Auch Bohnen mit einem Defekt werden zu diesem Zeitpunkt aussortiert, da sie häufig von geringerer Dichte sind. Das Sortieren erfolgt in einem

Luftstrom, denn das unterschiedliche Gewicht der gleich großen Bohnen gibt Aufschluss über deren Dichte. Die leichtesten Bohnen schweben oben und werden abgeleitet. Da die Dichte – und somit die Anbauhöhe – in direkten Zusammenhang mit der Qualität der Kaffeebohne gesetzt wird, gibt es Kennzeichnungen, die dies dokumentieren. Auf den Säcken aus Guatemala oder Costa Rica beispielsweise stehen unter anderem Abkürzungen wie SHB (Strictly Hard Bean) – der hochwertigste Hochlandkaffee –, oder HB (Hard Bean), woraus die Qualitätsstufe abzuleiten ist. Doch die Angabe der Höhe ist relativ zu sehen und muss immer in Zusammenhang mit dem Anbauland gebracht werden, schließlich wachsen in Nepal Kaffeebohnen auf Höhen bis zu 2.500 Metern.

Abschließend erfolgt eine Sortierung nach der Farbe. Bohnen mit Fehlern in der Farbe werden aussortiert, da es sich um Defekte handeln kann. Auch Bohnen, die zu lange gegärt haben, sogenannte Stinkerbohnen, werden dabei häufig identifiziert. Sie erscheinen unter dem UV-Licht weiß-bläulich, der unangenehme Geruch der Bohnen macht sich hingegen erst nach dem Mahlen bemerkbar. Schon eine einzige Stinkerbohne genügt, um einen Kaffee ungenießbar zu machen. Leider ist es unmöglich, Stinkerbohnen nach dem Rösten optisch zu identifizieren. Hier spielt das Vertrauen in den Bauern und darauf, dass er bei der Aufbereitung sehr sorgfältig arbeitet, eine wesentliche Rolle. Ganz am Ende dieses Prozesses erfolgt dann die optische Qualitätskontrolle.

Das Grading – in welcher Klasse spielst du?

Das Einstufen in verschiedene Güteklassen ist der letzte Schritt, bevor die Ware in den Verkauf geht. Eine lange Tradition hat das *Grading* nach Größe, das jedoch kaum Rückschlüsse auf die Qualität des Kaffees zulässt. Eher neu ist die Unterteilung nach Qualität, bei der es auch um die Rückverfolgbarkeit der Ware geht. Das Augenmerk wird hier insbesondere auf den Anteil von Fehlbohnen – Bohnen mit Defekten – in dem grünen Rohkaffee gelegt. Defekte könnten sein: Lochfras, Ohren (tief nach innen gehöhlte Bohnen), unreife oder überfermentierte Bohnen. Standardmäßig erfolgt die Einstufung nach der Größe vor dem Abpacken und dem Verkauf. Je nach Kontinent beziehungsweise Land sind die *Gradings* allerdings unterschiedlich, was es nicht leicht macht, sich im Dschungel der Kennzeichnungen zurechtzufinden.

Der Versand – nicht jede Klasse reist gleich

Die Premiumqualität wird in Säcke abgefüllt. Größe und Material der Säcke variieren je nach Herkunftsland. Die gefüllten Säcke werden in Containern gestapelt per Schiff zu ihrem Zielort transportiert. Nach wie vor ist der Transport nicht unproblematisch für die Röstereien, da es nicht selten vorkommt, dass Ware in Häfen zurückgehalten wird und dort unter extremen Bedingungen wie Hitze oder hohe Luftfeuchtigkeit mehrere Wochen auf den Weitertransport wartet.

01 Traditionell werden die Säcke aus Jute hergestellt, seit Neuestem werden auch Kunststoffsäcke verwendet.

02 Ist ein Kaffeesack in der Rösterei angekommen, wird eine Probe entnommen, um die Bohnen zu begutachten.

01

02

Der Blue Mountain Kaffee aus Jamaica spielt hingegen in einer ganz anderen Klasse. Er ist so wertvoll, dass er in Holzfässer gefüllt und dann ausgeflogen wird. Die Zahl der 70-Kilogramm-Fässer, die 2015 nach Deutschland verkauft wurden, lässt sich an beiden Händen abzählen: Der Verkauf nach Deutschland ist begrenzt. Einen großen Teil davon hat die Dinzler Kaffeerösterei abgenommen.

Damit der Röstmeister nicht blind die Katze, beziehungsweise Bohne, im Sack kauft, bekommt er Proben der jeweiligen Sorte zugesandt. Die erste stammt meist von der vorherigen Ernte, damit der Röstmeister die angebotene Ware testen kann. Anhand dieser entscheidet er, ob dieser Rohkaffee überhaupt von Interesse für ihn ist. Hat er sich dafür entschieden und Kaffeebohnen bestellt, erhält er die zweite Probe des Rohkaffees nach der Ernte und Aufbereitung »seiner« Ware. Die dritte Probe ist das Pre-Shipping-Sample, das Vorverschiffungsmuster. Sie gibt an, in welchem Zustand die Bohnen vor dem Transport sind. Die vierte und letzte Probe wird entnommen, wenn die Ware im Hafen angelangt ist.

DAS RÖSTEN – JEDES BÖHNCHEN MACHT EIN TÖNCHEN.

Unsere Kaffeebohnen auch! Wir bei Dinzler sagen immer, sie »schmatzen«. Damit bezeichnen wir das Knistern, wenn wir sie rösten. Eine unserer Röstmaschinen ist ein gusseiserner Trommelröster aus dem Jahr 1964, der mit Gasflammen erhitzt wird. In unseren Trommelröstern erfolgt das Rösten sowohl über den Kontakt mit der heißen Trommelwand als auch über Konvektion – im Gegensatz zu vielen industriellen Röstanlagen, bei denen die Bohnen lediglich mit sehr heißer Luft – wir sprechen hier über Temperaturen von 550–600 °C – nur relativ kurze Zeit, 3–4 Minuten, geröstet werden. Bei der Langzeittrommelröstung, für die wir uns entschieden haben, beträgt die Rösttemperatur 200–220 °C, deshalb dauert der Röstvorgang 15–20 Minuten.

Die Bohnen haben eine Restfeuchtigkeit von maximal 12,5 Prozent, wenn wir sie in die vorgewärmte Rösttrommel geben. Ein weiterer wichtiger Punkt ist hier auch die Frische der Bohnen. Bei längerer Lagerung baut sich die Restfeuchtigkeit weiter ab, was sich erheblich auf das spätere Röstergebnis auswirkt. Aus diesem Grund dürfen die Kaffees, die wir verwenden, nicht älter als neun bis zwölf Monate sein. Das heißt, wir bemühen uns, dass unsere eingekauften Mengen bis zur nächsten Ernte reichen – und dann aber auch verbraucht sind. Zwischenernten begrüßen wir sehr, denn dadurch ist die Frische noch mehr gewährleistet.

Ungeröstete und geröstete Bohnen unterscheiden sich durch Größe und Farbe.

Doch zurück zur Bohne und dem Vorgang des Röstens. Wie schon gesagt, haben wir uns für das Langzeitrösten von 15–20 Minuten entschieden. Eine genaue Zeitangabe ist unmöglich, denn wie lange jede Sorte wirklich geröstet wird, entscheidet bei uns der jeweilige Röstmeister an der Trommel. Vor allen Dingen seine Rösterfahrung, die jeweilige Kaffeesorte, dessen Herkunft aber auch die Größe der Kaffeebohnen und ihre Frische spielen eine Rolle. Der Röstmeister ist derjenige, der für jede Charge individuell entscheidet: Jetzt sind die Bohnen perfekt geröstet. Deshalb widmet er diesem Prozess seine ungeteilte Aufmerksamkeit und entnimmt während der letzten Sekunden immer wieder Proben. Wir überlegen vorher, welches Geschmacksprofil wir möchten, und mit diesen Vorstellungen im Hinterkopf sucht der Röstmeister den passenden Rohkaffee aus und röstet ihn. Rein theoretisch ließe sich aus derselben grünen Bohne sowohl Filterkaffee als auch Espresso rösten. Für uns in der Praxis sieht das allerdings anders aus: Im gesamten Dinzler-Sortiment gibt es nicht eine einzige Mischung, die wir doppelt verwenden.

Der Röstmeister – Fingerspitzengefühl ist gefragt

Ganz nüchtern betrachtet ist das Rösten ein Prozess, bei dem die Kaffeebohne sowohl physikalisch als auch chemisch auf die zugeführte Wärme reagiert. Die physikalischen Veränderungen machen sich optisch bemerkbar: Farbe, Form, Gewicht und Volumen der Kaffeebohne verändern sich. Die in der Kaffeebohne ablaufenden chemischen Reaktionen sind sehr komplex und bei Weitem noch nicht vollständig erforscht. Wesentlich für das Röstaroma ist die sogenannte *Maillard*-Reaktion. Hier reagieren Zuckerteile mit Aminosäuren (Proteinen), und die entstehenden Stoffe tragen sowohl zur Bräunung als auch zur Aromabildung des Kaffees bei. Die Maillard-Reaktion setzt ein, wenn das Wasser in den Randschichten der Bohne verdampft ist, also bereits bei 100 °C. Fällt die Maillard-Reaktion zu heftig aus, verbrennt der Kaffee, die Bohnen werden schwarz. Hier entsteht dann neben anderen Stoffen auch Acrylamid, das die Entstehung von Krebs begünstigen kann.

01

02

Bei dem langsamen Rösten, wie wir es praktizieren, ist der Gewichtsverlust der Bohne höher als bei der industriellen Röstung. Er kann – je nach Röstmethode und -grad – 13–22 Prozent betragen. In der Fachsprache heißt dieser Gewichtsverlust Einbrand. Bei der industriellen Röstung wird die Bohne durch die hohen Temperaturen außen schnell braun, aber in ihrem Kern bleibt die Bohne weitestgehend unbeeindruckt und verliert dadurch beim Rösten weniger Gewicht.

Rein aus wirtschaftlicher Sicht gesehen ist das also eigentlich ein Nachteil des langsamen Röstens. Aber die Vorteile beim Geschmack des fertigen Röstkaffees sind überwältigend – und das ist die Aufgabe einer Spezialitätenrösterei: der jeweiligen Bohne ihren optimalen Geschmack zu entlocken. Eigentlich geht es beim Kaffeerösten und beim späteren Kaffeegenuss immer um das optimale Zusammenspiel von Bitterkeit und Säure, hier ist das Fingerspitzengefühl des Röstmeisters gefragt, da geht es um Sekunden. Natürlich stecken noch weit mehr Geschmackskomponenten in der Bohne, beispielsweise fruchtige Noten, blumige, nussige, schokoladige oder auch solche von Gewürzen.

01 Max Bauer, Kaffeeröster bei der Dinzler Kaffeerösterei

02 Der Trommelröster ist Teil einer ausgefeilten Anlage, für deren Bedienung Know-how und Fingerspitzengefühl gefragt sind.

Beim langsamen Rösten bauen sich die aggresiven Reizsäuren wie die Chlorogensäure in der Kaffeebohne allmählich ab, aber mit zunehmender Röstdauer wird die Bohne auch dunkler und damit bitterer. Nun hängt es wiederum vom Kaffee ab, welche Balance man möchte. Unser Espresso Roma beispielsweise ist ein rassiger Süditaliener: Die Bohnen sind lange geröstet, und er hat deutliche Noten von Bitterschokolade. Manche industriell gerösteten Espressi schmecken dagegen fast schon verbrannt. Nimmt man unseren Filterkaffee aus Kenia oder Tansania, dann ist eine gewisse Säure erwünscht, denn feine Fruchtsäuren verleihen dem Kaffee Frische und tragen auch andere Aromen, die sich ansonsten nicht optimal entfalten könnten. Ein Kaffee ganz ohne Säure schmeckt hingegen dumpf und langweilig. So liegt es in der Hand des Röstmeisters, welche Eigenschaften der jeweilige Röstkaffee aufweist. Klar ist allerdings: Ein eher mangelhafter Rohkaffee aus einer intensiv bewirtschafteten Monokultur kann niemals durch den Röstprozess so aufgewertet werden, dass er an die Qualität, sprich das Aroma, eines Spitzenkaffees herankommt. Wichtig ist auch – das wird gerne vergessen: Der Röstprozess bestimmt zwar wichtige Geschmackskomponenten, aber am Genuss des fertig gebrühten Kaffees ist er lediglich zu 50 Prozent beteiligt – den Rest erledigen Mahlgrad, Menge des Kaffeemehls und Art der Zubereitung.

Die Phasen des Röstens – die Veredelung

1. PHASE: TROCKNUNG

Der grüne, eher nichtssagend und grasig schmeckende Rohkaffee kommt in die bereits vorgewärmte, heiße Rösttrommel und wird dort aufgeheizt. Durch die Wärmeeinwirkung verdampft etwas Wasser. Eigentlich ist diese Phase mehr ein Vorwärmen als Vorbereitung auf den eigentlichen Röstprozess, denn wenn die Bohnen nicht bis ins Innere durchgewärmt sind, erfolgt die anschließende Röstung ungleichmäßig, und das Ergebnis kann nie zufriedenstellend sein. Die Trocknung beansprucht etwa ein Drittel der Zeit des gesamten Röstvorgangs. Schon bei der Trocknung setzt eine leichte Verfärbung der Bohnen ein. Insgesamt verändert sich die Bohnenfarbe während des Röstprozesses von einem eher grauen Grün zu einem satten Gelbgrün und geht dann in einen braun-gelblichen Ton, der an die Farbe von Erdnüssen erinnert, über. Danach setzt die Bräunung der Bohnen ein, die dann zum Ende des Röstprozesses hin immer schneller abläuft.

2. PHASE: RÖSTEN

Durch das weitere Erwärmen der Bohnen verdampft immer mehr Wasser und die Gasentwicklung und der Druck im Inneren der Bohnen nehmen zu; vor allen Dingen der Wasserdampf macht sich hier bemerkbar. Ab einem gewissen Punkt kann die schon deutlich vergrößerte Bohne dem Druck nicht mehr standhalten und platzt auf, dies ist der *First Crack*.

Er ist unüberhörbar, das Geräusch erinnert ein wenig an das Platzen von Maiskörnern. Jedoch hört man die Veränderung nicht nur, sondern sieht sie auch: Das Volumen der Bohne nimmt deutlich zu, teilweise sind die Bohnen nach dem Rösten fast doppelt so groß wie zuvor. Die Bohnen nehmen jetzt auch schon einen klaren Braunton an und ihre vorher eher raue, poröse Oberfläche erscheint mit einem Mal glatter. Das Silberhäutchen platzt zu diesem Zeitpunkt von der Bohne ab – falls es nicht beim Polieren der Bohnen schon entfernt wurde – und wird von der heißen Luft, die die Bohnen beim Rösten umspült, mitgerissen. Aus diesem Grund herrscht in der Rösttrommel ein leichter Unterdruck, der bewirkt, dass das Silberhäutchen abgesaugt wird. Nach dem *First Crack* kann der Röstvorgang im Prinzip beendet werden. Dies gibt dann sehr helle, milde, aber säurereiche Filterkaffees. In der Dinzler Kaffeerösterei ist der Röstprozess nach dem *First Crack* noch nicht beendet.

Jeder Röstvorgang ist für den Röstmeister spannend. Die Säure in der Kaffeebohne baut sich zunehmend ab, während sich immer mehr Röstaromen bilden, die zugleich intensiver werden. Zudem verändert die Bohne ihre Farbe hin zu Dunkelbraun. Der Röstmeister nimmt mithilfe des Probenziehers, einer kleinen Schaufel, die in einer Öffnung in der Trommelwand steckt, fast sekündlich Proben der aktuellen Röstung, um diese sofort unterbrechen zu können.

01

02

01 Während des Röstprozesses lässt sich Max von nichts ablenken.

02 Beständig wird mithilfe des Probenziehers der Röstgrad der Kaffeebohnen geprüft.

Mit jeder weiteren Minute – genau genommen mit jeder Sekunde –, die die Bohnen rösten, steigt die bittere Note des Endprodukts. Zudem kommt es aufgrund des weiter zunehmenden Gasdrucks zu einem zweiten Platzen der Bohnen. Man kann diesen *Second Crack* als ein leichtes Knistern wahrnehmen. Der Säureabbau in der Bohne ist zu diesem Zeitpunkt weitestgehend beendet. Nun intensiviert sich nur noch das charakteristische Röstaroma. Den *Second Crack* erleben meist nur Kaffeebohnen, die als sehr kräftig gerösteter Espresso auf den Markt kommen sollen. Für Filterkaffee sind die Bohnen zu diesem Zeitpunkt schon zu stark geröstet.

3. PHASE: ABKÜHLEN

Diese Phase gehört eigentlich nicht mehr zur Röstung, ist aber unerlässlich. Denn durch das Abkühlen wird der Röstvorgang möglichst schnell beendet. Ansonsten würden die Bohnen noch nachrösten, und der Röstmeister würde die Kontrolle über den Röstvorgang abgeben. Sobald der Röstmeister entscheidet, dass die Bohnen fertig sind, öffnet er eine Klappe an der Trommel, und die Bohnen fallen auf ein großes Sieb, auf dem sie mit einem sich drehenden Rührwerk beständig durchmischt werden. So kühlen sie gleichmäßig ab. Zudem wird Umgebungsluft angesaugt und durch die Bohnen geleitet, was den Kühlprozess beschleunigt. Nach kurzer Zeit sind die Bohnen abgekühlt. Nun werden sie durch einen Kanal in ein Silo gesogen. Dies ist ebenfalls wichtig, da durch den Luftstrom wirklich nur die Kaffeebohnen in das Silo gelangen. Alle Fremdkörper wie Steine oder anderes werden aussortiert. Sie sind beim ersten Aussieben durchgefallen, da sie von Größe und Gewicht her den ungerösteten Bohnen glichen. Doch nun weichen sie von diesen ab, da die Bohnen ihr Volumen vergrößert und ihr Gewicht verringert haben. Abschließend werden die frisch gerösteten Bohnen möglichst bald verpackt und zum Ausgasen zwischengelagert, bevor sie entweder in unserem Bohnenladen verkauft oder zu unseren Handelspartnern transportiert werden. Von jeder Charge wird nach dem Rösten eine Probe gezogen. So unterziehen wir die Bohnen zuerst einer optischen Prüfung allein mit dem Auge. Darauf folgt eine Farbmessung mit dem Photometer, sie gibt genauen Aufschluss über den Röstgrad der Bohne. Abschließend werden unsere Bohnen noch sensorisch geprüft, das heißt, das jeweilige Getränk, beispielsweise Filterkaffee oder Espresso, wird zubereitet und verkostet. Zum Teil findet die Röstung heutzutage schon direkt in den Anbauländern statt, aber für Dinzler spricht einiges – wenn nicht sogar alles – dagegen. Zum einen würden wir uns damit einen wesentlichen Teil unserer Identität aus der Hand nehmen lassen und könnten den Geschmack der Kaffees nicht mehr nach unseren Vorstellungen steuern und beeinflussen. Zum anderen aber, was vielleicht noch schwerwiegender ist, hält der grüne Rohkaffee das Aroma deutlich besser als die geröstete Bohne. Würden die Bohnen erst nach dem Rösten verschifft, ginge das Wertvollste – ihr Aroma – zu einem großen Teil schon auf dem Seeweg verloren.

01

02

03

Kaffee mischen – vor oder nach dem Rösten

Kaffeemischungen, die sogenannten Blends, machen neben den Single Origin Kaffees einen großen Teil des Angebots aus. Während bei den Single Origin Kaffees schmeckbar wird, welche Geschmacksnuancen einer Kaffeesorte entlockt werden können, aber auch wie unterschiedlich ein Kaffee je nach Witterung von Jahr zu Jahr schmecken kann, ermöglichen Blends die Herstellung eines ausgewogenen, harmonischen Kaffees ohne Extreme im Geschmack, der eine breite Masse erreicht. Bei einer Mischung kann der versierte Röstmeister Ausschläge in Geschmack und Qualität durch gekonntes Kombinieren glätten, sodass der Kunde davon kaum etwas merken wird: Er bekommt Jahr für Jahr die Qualität und den Geschmack, die er erwartet.

Ob die Blends nun vor oder nach dem Rösten gemischt werden, hängt ganz von dem Kaffee, den man herstellen möchte, ab. Man kann sogar sagen, dass zwei ganz unterschiedliche Kaffees entstehen, je nachdem ob man den Blend vor oder nach dem Rösten mischt.

01 & 02 Nach dem Rösten fallen die Bohnen auf ein großes Sieb, auf dem sie mit einem Rührwerk beständig durchmischt und gleichmäßig abgekühlt werden.

03 Der grüne Rohkaffee wird im Laufe des Röstens immer dunkler. Je nach Kaffeesorte wird der gewünschte Röstgrad festgelegt.

Das Rösten

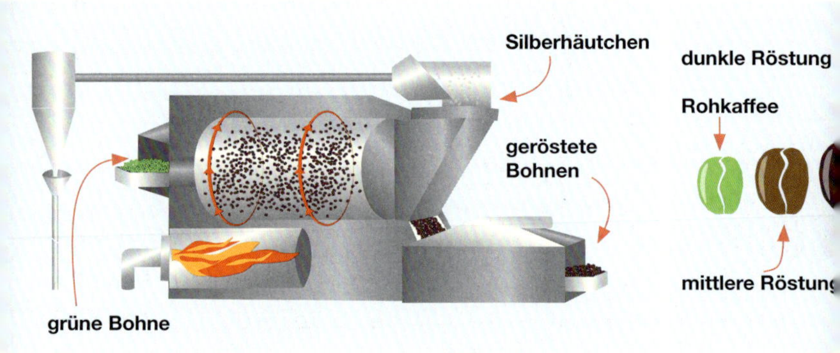

Der grüne Rohkaffee kommt in die bereits vorgewärmte Rösttrommel. Durch das weitere Erwärmen der Bohnen beginnt der Röstprozess.

Das Kühlschiff

Wann der Röstprozess beendet ist, entscheidet ein guter Röstmeister immer auf Basis seiner Erfahrung und unter zur Hilfenahme all seiner Sinne.

Das Verpacken

Die frisch gerösteten Bohnen werden möglichst bald verpackt und dürfen vor dem Verkauf in einem Zwischenlager eine bestimmte Zeit ruhen.

Weitere Röstverfahren – neben dem Trommelrösten

Bei den oft riesigen Industrieanlagen, in denen mehrere Meter lange Röstmaschinen zum Einsatz kommen, geht es in erster Linie darum, die Anlage optimal auszulasten. Aus diesem Grund rösten oft mehrere Unternehmen in derselben Röstanlage. Die sehr hohen Temperaturen und die kurzen Röstzeiten führen dazu, dass der Röstvorgang in der Bohne nicht gleichmäßig erfolgt. Nicht selten kommt es vor, dass der Röstprozess bei sehr dunkel gerösteten Bohnen im Kern der Kaffeebohne noch längst nicht abgeschlossen ist, beziehungsweise fast gar nicht stattgefunden hat.

Auch werden die im Kaffee enthaltenen, aggressiven Säuren während des Röstprozesses erst allmählich abgebaut. Bei der kurzen und extrem heißen Röstung verbleiben sie fast vollständig in der Bohne. Zudem fehlt nach dem Rösten die Zeit, um den Kaffee mit Luft zu kühlen, denn es wäre unökonomisch, wenn die Kühlung genauso lange wie der Röstvorgang dauerte. Deshalb wird dieser Kaffee in der Regel mit Wasser abgekühlt. Dadurch nimmt die Bohne wieder Wasser auf und somit an Gewicht zu. Das Ergebnis: Der Gewichtsverlust ist erheblich geringer, was zu einer höheren Gewinnspanne beiträgt. Dazu kommt natürlich, dass mehr Wasser in der Bohne auch weniger Geschmack bei gleicher Menge bedeutet. Allerdings setzt der Gesetzgeber hier auch Grenzen: Die Restfeuchtigkeit in der gerösteten Kaffeebohne darf nicht mehr als 5 Prozent betragen.

DIE LAGERUNG – EIN WENIG RUHE MUSS SEIN

Wie schon erwähnt, setzt Dinzler auf die schonende Trommelröstung. Um eine gleichbleibende Qualität und Frische zu gewährleisten, rösten wir immer nur die Menge, die wir pro Tag verkaufen. Doch die frisch gerösteten Bohnen werden nicht direkt verkauft. Sie müssen erst ein wenig ruhen, damit ein Teil des in der Bohne enthaltenen Kohlendioxids entweichen kann. Nur so kann das daraus zubereitete Getränk seinen vollen Geschmack entfalten. Besonders wichtig ist das Ausgasen bei Espressobohnen. Enthalten sie noch zu viel CO_2, wird dieses durch den hohen Druck beim Aufbrühen freigesetzt und sorgt für eine sehr starke, luftige, zuweilen zentimeterhohe Crema, die nach kurzer Zeit in sich zusammenfällt. Bei Bohnen für Filterkaffee sollte der Kohlendioxidgehalt zwar auch nicht zu hoch sein, aber bei der Kaffeezubereitung fällt es nicht ganz so deutlich ins Auge, wenn sie noch nicht optimal ausgegast sind. Dies liegt einfach daran, dass die Bohnen für die Zubereitung von Filterkaffee nicht ganz so fein gemahlen werden, und dass beim Brühen das Wasser ohne Druck durch das Kaffeemehl fließt, sodass hier mehr CO_2 darin gebunden bleibt. Damit die Bohnen auch nach dem Abfüllen in Beutel noch ausgasen können, hat jede Verpackung eine kleine Öffnung. Häufig ist dies ein Ventil, durch das das Kohlendioxid entweichen, aber kein Sauerstoff in die Packung eindringen kann. Denn durch den Kontakt mit Sauerstoff und durch zu warme

Lagerung büßen die Bohnen an Qualität ein. Dinzler hat sich dazu entschlossen, ein winziges Loch in jede Packung zu stanzen. Eine Packung, die weder Ventil noch Loch aufweist, würde sich aufgrund des ausströmenden Gases aufblähen und wahrscheinlich sogar platzen. Beim Verkauf sind unsere Bohnen perfekt. Für den vollen Genuss sollten sie daher möglichst rasch verbraucht werden.

BEIM EINKAUFEN – EIN PAAR DINGE GILT ES ZU BEACHTEN

Auch wenn in Deutschland das Gros des Kaffees im Supermarkt oder beim Discounter gekauft wird, können wir davon eigentlich nur abraten. Das Hauptproblem ist die Frische der Ware. Da diese Vertriebsschienen ihre Ware in der Regel zentral einkaufen, geht der Kaffee zuerst von der Rösterei in ein Großlager, von wo aus er dann peu à peu in die verschiedenen Geschäfte geliefert wird. Das benötigt Zeit, in der der Kaffee altert und an Aroma verliert. Das Mindesthaltbarkeitsdatum gaukelt häufig eine »Frische« vor, die nicht unbedingt gegeben ist, da Kaffee laut Gesetzgeber verkauft werden darf, solange der Hersteller die uneingeschränkte Qualität garantiert. Diese Zeitspanne könnte zwei Jahre betragen, aber nach dieser Zeit ist beispielsweise nicht mehr viel von dem ursprünglichen Aroma des Kaffees vorhanden. Deshalb sollte Kaffee nie auf Vorrat eingekauft werden. Kaffee ist ein Frischeprodukt und sollte so behandelt werden. Wir empfehlen den Kauf von ganzen Bohnen. Gemahlener Kaffee sollte immer nur in kleinen Mengen im Fachgeschäft gekauft werden. Dort ist die Beratung entsprechend, und der Kaffee wird passend zum Verwendungszweck ganz frisch gemahlen. Überhaupt ist die Beratung ein ganz großes Thema. Wer kennt sich schon wirklich mit Kaffee aus? Die Zahl der Anbaugebiete, Bauern und Kooperativen ist so groß, dass man als Verbraucher da gar nicht mehr den Überblick haben kann. Der Spezialitätenröster kennt seinen Kaffee genau und somit auch seine Angestellten im Verkauf. Beim Kauf hat der Verbraucher auch in der Hand, inwieweit er die gerechte Bezahlung der Bauern unterstützen möchte. Je transparenter die Angaben zur Herkunft des Kaffees, umso mehr kann man davon ausgehen, dass die Bauern fair entlohnt werden. Zu Hause sollte Kaffee immer vor Fremdgerüchen geschützt sowie kühl und dunkel gelagert werden. Lichteinfluss unterstützt den Alterungsprozess. Häufig werden Kaffeebohnen im Kühlschrank aufbewahrt, doch das verlangsamt das Altern nicht wirklich. Wer es dennoch tun möchte, sollte die Bohnen nur in einer Dose mit Aromaschutzdeckel dort lagern, damit der Kaffee im Kühlschrank keine anderen Aromen annimmt.

Zubereitung

Der Barista bringt den Genuss zur Vollendung. Er entlockt der optimal aufbereiteten und gerösteten Kaffeebohne ihren vollen Geschmack – dabei präsentiert sich der Kaffee mal bitter-süß, mal cremig-mild und dann wieder kräftig-vollmundig.

DIE MÜHLE – NICHT JEDE MAHLT GLEICH

Bevor es mit der Kaffeezubereitung losgeht, müssen die Bohnen gemahlen werden. Wenn irgend möglich, sollten die Kaffeebohnen ganz frisch gemahlen sein – ist ein Fachgeschäft in der Nähe, kein Problem. Doch was macht man, wenn man zum Mahlen nicht immer in den Bohnenladen gehen möchte oder kann? Die beste chromblitzende Siebträgermaschine ist höchstens halb so viel wert, wenn nicht eine hochwertige Mühle an ihrer Seite steht. Man unterscheidet zuerst einmal nach der Art des Mahlwerks, für den Hausgebrauch und die Gastronomie kommen Mühlen mit Kegelmahlwerk oder solche mit Scheibenmahlwerk zum Einsatz. Bei Mühlen mit Scheibenmahlwerk dreht sich eine gezahnte Scheibe über eine darunterliegende, ebenfalls gezahnte Scheibe in der gleichen Größe. Dadurch, dass sich die obere

Bei der Vielfalt an Kaffeespezialitäten ist für jeden Geschmack etwas dabei.

Scheibe beim Mahlen über die darunterliegende dreht, wandern die Kaffeebohnen aufgrund der Fliehkraft an den Rand der Scheiben, wo sie je nach Einstellung ganz fein oder auch etwas gröber gemahlen werden.

Beim Kegelmahlwerk dreht sich keine Scheibe, sondern ein gerillter oder gezahnter, konisch geformter Kegel in einem Mahlkranz. Hier ist der Abstand oben, dort wo die Bohnen eingefüllt werden, größer als weiter unten. Kegelmahlwerke liefern im Vergleich zum Scheibenmahlwerk eine nicht ganz so schöne Verteilung des Kaffeebilds, das heißt, der Staubanteil und der von größeren Partikeln ist ungleichmäßiger. Kegelmahlwerke werden auch in Handmühlen verbaut. Zudem stellt sich die Frage, ob das Mahlwerk aus Keramik oder Titan sein soll. Hier spielen die Standzeiten der Mahlscheiben, das heißt, wieviel Bohnen gemahlen werden können, bis sich ein Verschleiß bemerkbar macht, eine wichtige Rolle. Nach Expertenmeinung ist Keramik am widerstandsfähigsten, die Mahlscheiben bleiben lange scharf, auch wenn mal ein Stein mitgemahlen wird. Dennoch lässt sich nicht pauschal sagen, dass ein Edelstahlmahlwerk schlechter ist. Ein Vorteil von Mahlwerken aus Edelstahl ist, dass sie sich (abhängig vom Durchmesser der Mahlscheiben) nachschleifen lassen. Die Entscheidung für die »richtige« Mühle hängt auch von der bevorzugten Art der Kaffeezubereitung ab, denn nicht jede mahlt gleich fein. Diejenigen, die hauptsächlich Espresso zubereiten, sollten unbedingt zu einer Mühle greifen, die auf sehr feine Mahlgrade zugeschnitten ist.

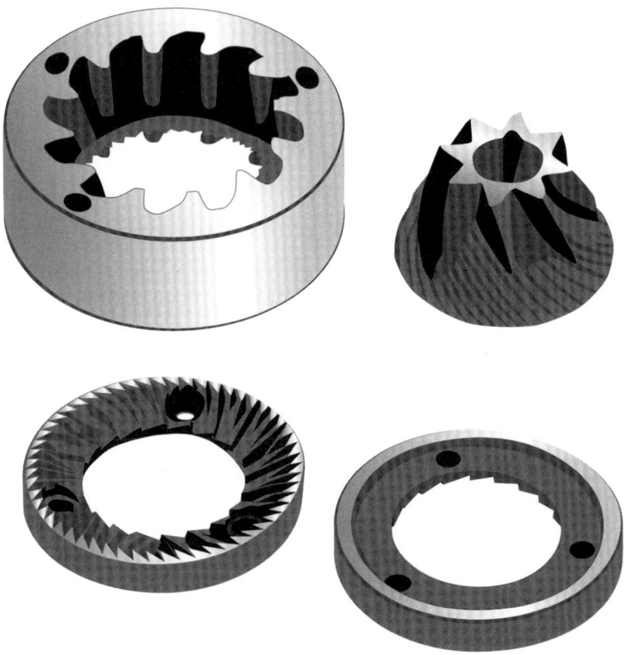

Oben das konische Kegelmahlwerk, unten das Scheibenmahlwerk.

Auch empfiehlt sich eine Mühle mit stufenloser Einstellung des Mahlgrads, die eine sehr feine Justierung erlaubt. Eine Dosierfunktion, die immer nur die zuvor festgelegte Menge Kaffee mahlt, ist von Vorteil, da nur der richtige Mahlgrad in Kombination mit der darauf abgestimmten Menge Kaffee einen perfekten Espresso mit schöner Crema ergibt. Möchte man mehrmals am Tag zwischen Espresso und Filterkaffee wechseln, sind andere Geräte, bei denen der Mahlgrad in Stufen geregelt wird, besser geeignet.

Doch egal für welche Mühle man sich entscheidet, eines ist immer unabdingbar: die regelmäßige Reinigung des Geräts. Verbleiben Reste von gemahlenen Bohnen länger in der Mühle, wandert immer wieder etwas davon in das frisch gemahlene Kaffeemehl, was dazu führt, dass der Kaffee schal und im schlimmsten Fall sogar ranzig schmeckt. Daher sollte gemahlener Kaffee nie im Kaffeefach der Mühle aufbewahrt, sondern stets in einen dicht verschließbaren Behälter umgefüllt werden. Es empfiehlt sich, die Kaffeemühle in regelmäßigen Abständen zu reinigen, dafür gibt es spezielle Mittel, die vermahlen werden und so das Mahlwerk säubern.

Warum kommt dem Mahlen nun so eine große Bedeutung zu? Mit dem Mahlen vergrößert man die Oberfläche der Kaffeebohnen, was notwendig ist, um die in der Bohne enthaltenen, gewünschten Geschmacksstoffe herauszulösen. Je feiner der Röstkaffee gemahlen wird, desto größer ist die Oberfläche. Sind die Kontaktzeiten des Kaffeemehls mit heißem Wasser nur sehr kurz, wie zum Beispiel bei Espresso, muss die Kaffeebohne sehr fein gemahlen sein, um ihr in der kurzen Extraktionszeit möglichst viele Aromen zu entlocken – der hohe Druck bei der Zubereitung trägt hier natürlich auch seinen Teil bei. Doch auch das Verhältnis von Wassermenge zu gemahlenem Kaffee spielt eine wichtige Rolle. Und dabei steigt die Menge des benötigten Kaffees nicht einfach proportional zur Wassermenge. Je mehr Kaffee sich im Filter oder Siebträger befindet, desto länger ist die Kontaktzeit von Kaffee und Wasser, da das

Wasser mehr Zeit benötigt, um den Kaffee zu durchfließen. Und je länger die Kontaktzeit ist, desto mehr Bitterstoffe werden freigesetzt.

DAS WASSER – ES BRINGT DIE LÖSUNG

Ist die Wasserqualität nicht gut, kann der damit zubereitete Kaffee auch nie wirklich gut sein. Immerhin besteht eine Tasse Filterkaffee bis zu 98 Prozent aus Wasser. Deshalb lohnt es sich zu hinterfragen, welches Wasser zu Hause aus dem Hahn fließt – in manchen Gegenden ist es hart, in anderen wiederum weich. Auf den Geschmack des Kaffees wirken sich besonders die Mineralstoffe im Wasser, allen voran das Kalzium aus. Dieser Mineralstoff fällt bei Wärme aus, was weder für den Geschmack des Kaffees noch für ein langes Leben der Kaffeemaschine von Vorteil ist. Hartes Wasser enthält besonders viele Kalzium- und Magnesiumionen. Die Wasserhärte für die Kaffeezubereitung sollte bei 6–7 °C deutscher Härte liegen und im Idealfall neutral sein, also einen pH-Wert von 7 aufweisen.

Auf jeden Fall sollte man stets frisches, mineralhaltiges Wasser verwenden. Mineralstoffarmes Wasser schmeckt häufig langweilig und somit auch der damit aufgebrühte Kaffee.

DIE METHODEN

Sobald die gerösteten Kaffeebohnen gemahlen sind, verrät allein schon der Duft, welch köstliches Getränk daraus entstehen kann. Die Zubereitungsmethoden sind vielfältig und unterscheiden sich oft gravierend. Allen gemeinsam ist, dass der Kaffee in Kontakt mit Wasser kommt und dabei Aromen und Inhaltsstoffe an die Flüssigkeit abgibt. Die nachfolgenden Zubereitungsarten sind in aller Munde – sowohl beim Kaffeegenießer als auch beim Barista, der stets bestrebt ist, das jeweils beste aus den unterschiedlichen Bohnen herauszuholen.

Filterkaffee – perfekt von Hand aufgegossen

Am Anfang stand der Filterkaffee – zumindest in Deutschland. Und er erfreut sich spätestens seit den 1950er-Jahren – der Kaffeefilter wurde 1908 von Melitta Benz erfunden – ungebrochener Beliebtheit. Mit seinem Aufstieg zum Volksgetränk wurde Kaffee im Lauf der Zeit immer billiger, was sich leider in der Qualität mancher Röstkaffees niedergeschlagen hat. Doch seit den 1980er-Jahren setzt zunehmend ein Umdenken ein, immer mehr Spezialitätenröstereien öffnen ihre Türen, und bislang unbekannte Zubereitungsarten wie Espresso und Cappuccino erobern die Herzen der Kaffeetrinker. Trotz des Vormarsches der Vollautomaten, Siebträgermaschinen und Kapselsysteme in den vergangenen Jahrzehnten hat sich der klassische Brühkaffee nicht abhängen lassen. Eher das Gegenteil ist der Fall: Filterkaffees sind wieder in. Wer einen guten handgebrühten Filterkaffee zubereiten möchte, benötigt zuallererst sorgfältig geröstete Bohnen. Damit sich sein Geschmack entfalten kann, sollte der gewählte Kaffee eher hell und auf keinen Fall zu stark geröstet sein. Nur so kann er je nach Sorte, Herkunft und Aufbereitung sein gesamtes Aromenspektrum, zum Beispiel seine fruchtigen Noten und feinen Säuren, entfalten.

Hat man den Kaffee nicht schon im Fachgeschäft mahlen lassen, muss als nächstes der Mahlgrad ausgewählt werden. Für Filterkaffee stellt man die Mühle auf mittelfein ein. Ziel ist es, den Mahlgrad so einzustellen, dass die Kontaktzeit mit dem Brühwasser 2–3 Minuten beträgt. Bei einer längeren Extraktionszeit löst das Wasser zunehmend auch unerwünschte Bitterstoffe aus dem Kaffee. Ist die Extraktionszeit zu kurz, schmeckt der Kaffee fade, zuweilen sogar wässrig oder säuerlich.

Man benötigt nicht viele Zutaten, um einen aromatischen Filterkaffee herzustellen, eigentlich sind nur gutes Wasser, ein Wasserkocher, ein Porzellanfilter, Filtertüten sowie natürlich ein guter Röstkaffee vonnöten. Zunächst stellt man einen Porzellanfilter auf die Kaffeekanne oder -tasse und kleidet diesen mit einem Papier- oder Stofffilter aus. Wir empfehlen die Verwendung von Papierfiltern, denn Stofffilter wollen sorgfältig gepflegt werden. Dann gießt man zuerst etwas heißes Wasser in den Papierfilter, sodass dieser angefeuchtet wird, und das heiße

Für die Zubereitung eines aromatischen Filterkaffees benötigt man nur gutes Wasser, einen Wasserkocher, Filtertüten, einen Porzellanfilter, eine Kaffeekanne oder -tasse sowie natürlich einen guten Röstkaffee.

Wasser den Porzellanfilter und das darunter stehende Gefäß aufwärmt. Wichtig: nicht vergessen, das heiße Wasser aus der Tasse oder Kanne vor dem Brühen auszugießen.

Im nächsten Schritt wird die gewünschte Menge Kaffee in den Papierfilter gegeben. Wenn man die benötigte Wassermenge genau auf die Tassen, die man servieren möchte, abgestimmt hat, sollte man nicht vergessen, dass der gemahlene Kaffee Wasser aufnimmt – und nicht wieder abgibt. Man rechnet grob damit, dass 1 Gramm Kaffeemehl 2 Milliliter Wasser speichert.

Ist der gemahlene Kaffee im Filter, wird er mit 92–94 °C heißem Wasser benetzt – die Wassertemperatur sollte auf keinen Fall über 96 °C liegen, das Wasser darf nicht kochen. Zum ersten Benetzen sollte die Wassermenge beim Überbrühen etwa das Doppelte von dem im Filter befindlichen Kaffeemehl betragen, bei 50 Gramm wären das 100 Milliliter. Dieser Prozess des Vorbrühens wird als *Blooming* bezeichnet. Durch den Kontakt mit dem heißen Wasser wird CO_2 aus dem Kaffee freigesetzt, was erwünscht ist, da der fertige Kaffee dann später weicher und vollmundiger schmeckt. Nach etwa 30 Sekunden ist der Kohlendioxid-Schub vorbei und die Extraktion kann beginnen.

Vor dem Aufbrühen muss sichergestellt werden, dass das Wasser immer noch die richtige Temperatur hat. Nun wird das Wasser vorsichtig, aber dennoch zügig und gleichmäßig über den gesamten Kaffee gegossen. Man gibt so viel Wasser in den Filter, dass der Kaffee einen Fingerbreit unter dem Filterrand schwimmt. Ist der Wasserstand im Filter gesunken, wird der Filter erneut vollständig mit heißem Wasser gefüllt. Dabei gießt man mit Bedacht im Kreis am Filterrand entlang, um das gesamte Kaffeemehl wieder vollständig mit Wasser zu benetzen. Dieser Vorgang wird so lange wiederholt, bis die gewünschte Kaffeemenge in der Kanne ist.

DER ESPRESSO – MIT DRUCK GELINGT`S

Die Dinzler Kaffeerösterei hat ihren Ursprung im Süden Bayerns, und bekanntlich ist München für uns Bayern die nördlichste Stadt Italiens, sodass wir schon früh mit Espresso in Kontakt gekommen sind. Unser Sortiment besteht heute aus etwa 15 verschiedenen Espressosorten und weiteren 15 für Filterkaffees.

Jeder, der eine Espressomaschine bei sich zu Hause stehen hat, wird schon festgestellt haben: Die Zubereitung eines perfekten Espresso kann ganz schön nervenaufreibend und zuweilen sogar frustrierend sein. Schon ein Gramm zu wenig Kaffeemehl oder ein paar Sekunden Extraktion zu lang oder zu kurz – und der Espresso wird nicht dem gewünschten Ergebnis entsprechen. Dabei ist alles eigentlich ganz einfach: Die Espressomaschine pumpt heißes, aber nicht kochendes, Wasser mit hohem Druck durch das fein gemahlene Kaffeemehl, sodass innerhalb kurzer Zeit eine hohe Extraktion stattfindet. Wenn alle Parameter optimal aufeinander abgestimmt sind, erhält man einen kräftig schmeckenden, vollmundigen Espresso mit perfekt aufeinander abgestimmter Süße und Säure. Sollte das Ergebnis am Anfang nicht zufriedenstellend sein, kann man es durch das Spielen mit den einzelnen Faktoren optimieren. So kann man sich strukturiert und in kleinen Schritten dem gewünschten Espresso nähern. Wichtig ist dabei, dass nie mehrere Parameter auf einmal verändert werden, denn dann ist es fast unmöglich herauszufinden, woran es liegt, dass der Espresso nicht so gelingt wie erhofft. Wenn der Mahlgrad verändert wird, muss bedacht werden, dass häufig in der Zuführung der Mühle noch die Vormahlung ist.

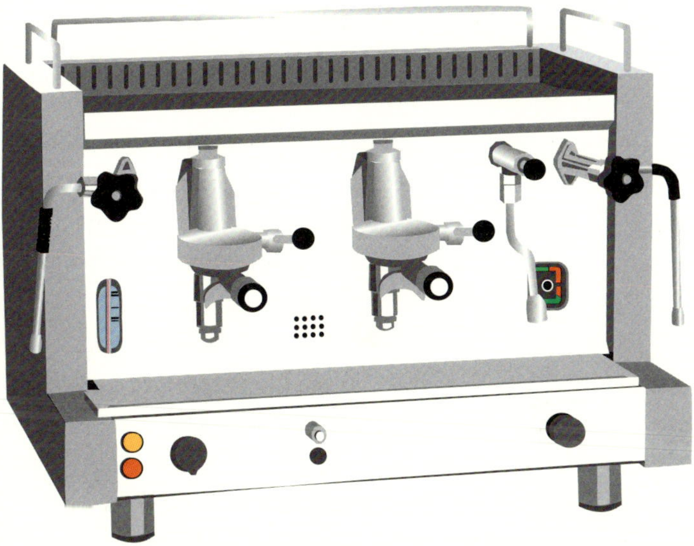

Hier sieht man eine Dual-Boiler-Maschine mit links und rechts jeweils einem Dampfhahn zur Zubereitung von Milchschaum, auf der rechten Seite einem Teewasserauslauf, zwei Brühgruppen mit Siebträger zur Zubereitung von Espresso sowie einer Druckanzeige. Oben auf der Maschine die vorgewärmte Tassenablage.

Die Siebträgermaschine

Die Dinzler Kaffeerösterei bietet – je nach Preisklasse – verschiedene Maschinen an: Der »Mercedes« unter den Siebträgermaschinen sind die Modelle des Herstellers Dalla Corte. Diese Maschinen haben zwei Heizkreisläufe, sodass man während des Brühens schon schäumen kann und das Boilerwasser nicht überhitzt ist.

Die aus Italien stammende Vibiemme liefert eine gute Kaffeequalität und hat je nach Ausstattung eine Wassermengenprogrammierung. Die spanische Ascaso (siehe Bild rechts) besticht durch ihr schönes Design. Sie bietet ein sehr gutes Preis-Leistungs-Verhältnis und passt in jede Küche. Sie hat einen Thermoblock, aber nur ein Heizsystem und einen eher leichten Siebträger. Auch sind bei dieser Maschine die Wasserführungen aus Kunststoff.

Hier haben wir nur ein paar Geräte vorgestellt. Es gibt noch zahlreiche Geräte anderer Hersteller auf dem Markt. Für welches Gerät man sich entscheidet, ist häufig Geschmackssache, aber etwas sollte man immer beherzigen: Geben Sie lieber ein bisschen mehr aus, es lohnt sich. In eine gute Maschine für zu Hause sollte man 600 Euro investieren, die wirklich hochwertigen liegen bei 1.400 bis 2.500 Euro.

Zwei Siebträgermaschinen mit ansprechendem Design für den Heimbedarf

Die Zubereitung – aufs Detail kommt es an

Klein, stark, schwarz und mit schöner Crema: So muss ein Espresso sein. Er sollte keine unangenehm starken Röstaromen aufweisen und auf keinen Fall verbrannt schmecken. Wenn die Espressomaschine keinen Frischwasseranschluss hat, sollte sie einmal pro Tag mit frischem Wasser befüllt werden. In der Kaffeemühle sollten ausreichend frische, aber schon etwas ausgegaste Espressobohnen sein. Damit sich die Kaffeemaschine aufheizen kann, wird sie als Erstes eingeschaltet. Der sorgfältig gereinigte Doppelsiebträger, sollte ebenfalls eingespannt sein, damit er gleichmäßig durchgewärmt wird. Vor dem ersten Befüllen des Siebträgers sollte die Brause kurz durchgespült werden, um auch sie gleichmäßig vorzuheizen.

In der Regel hat jede Maschine zwei Siebträger – einen für einen Espresso und einen Doppelsiebträger. Für zwei, bzw. einen doppelten Espresso empfehlen wir stets die Verwendung des Doppelsiebträgers. Denn Espresso aus dem Einer-Siebträger schmeckt unserer Erfahrung nach nicht so rund und vollmundig wie ein Espresso aus dem Zweier-Siebträger. Man sollte nicht auf die Idee kommen, einfach die halbe Menge Kaffeemehl in den Zweier-Siebträger zu füllen. Nach dem Einspannen des Siebträgers darf kein Zwischenraum zwischen Kaffeemehl und Brause sein. Ist dort ein Zwischenraum, wird dem Pumpendruck kein Kaffeewiderstand entgegengesetzt und das Kaffeemehl sprudelt hoch, was sich wiederum negativ auf die Extraktion desselben auswirkt.

Direkt vor der Zubereitung die benötigte Menge Kaffee fein mahlen und in den Siebträger füllen. Den gefüllten Siebträger auf die Tampermatte setzen, und den Kaffee leicht mit dem Tamper andrücken. Nun locker mit dem Tamper seitlich gegen den Rand des Siebträgers klopfen, damit am Innenrand des Siebs haftendes Kaffeemehl in das Sieb fällt. Um den nötigen Druck zu erzeugen, ist das richtige Halten des Tampers von entscheidender Bedeutung. Man sollte ihn wie einen Schraubenzieher fassen, mit dem man von oben etwas festdrehen will: Die Hand und der Unterarm bilden eine gerade Linie. Den Tamper fassen, auf den Kaffee in den Siebträger setzen und das Kaffeemehl fest zusammendrücken. Wichtig ist, dass der Kaffee gerade und gleichmäßig in den Siebträger gedrückt wird. Das Kaffeebett muss eben

01 Gemahlener Kaffee wird über eine Dosierkammer portioniert und per Hebelzug in den Siebträger geworfen.

02 Den Siebträger auf die Tampermatte setzen

03 Das Kaffeemehl tampern

01

02

03

sein. Erst durch das Tampern bietet das Kaffeemehl dem Wasser genügend Widerstand, damit sich der gewünschte Druck beim Durchströmen aufbaut. Durch das Verdichten des Kaffeemehls erhält man einen gleichförmigen Kaffeekuchen, den das Wasser gleichmäßig passiert und auch extrahiert. Ob das Kaffeebett gleichmäßig fest zusammengedrückt war, offenbart der Espresso schonungslos: Er schmeckt sauer und wässrig, falls nicht.

Den befüllten Siebträger in den Brühkopf einspannen, zwei vorgewärmte Espressotassen oder eine Tasse für einen großen Cappuccino unter den Siebträger stellen und die Pumpe durch den Ausflusshebel oder durch Knopfdruck aktivieren. Der heiße Espresso läuft in einem dünnen, der Dicke einer Stricknadel ähnelnden

So sollte der Espressostrahl aussehen, wenn er in die Tassen läuft.

Strahl in die Tassen. Er macht idealerweise einen kleinen Bogen dort, wo er die Führungsrinne des Siebträgers verlässt, das sogenannte »Mäuseschwänzchen«, und bildet eine schöne, dunkelbraune Crema in der Tasse. Für einen perfekten Espresso ist immer wichtig, dass die drei »Bilder« Fließgeschwindigkeit, Crema und Geschmack stimmen.

Die AeroPress – wahre Meisterklasse

Dieser kleine Kaffeebereiter hat es unter den Kaffeeprofis zu einiger Berühmtheit gebracht. Vereinfacht gesagt ist die AeroPress eine Mischung zwischen French Press und Filtermaschine. Sie besteht aus zwei Kunststoffröhren, die genau ineinanderpassen, sowie einem Filterhalter mit Filterpapier. Im Prinzip erfolgt die Vorbereitung wie bei Filterkaffee auch. Ein rundes Filterpapier wird in den Filterhalter gelegt und mit heißem Wasser angefeuchtet. Dann wird der Filter auf einen der Kunststoffkolben geschraubt, und beides zusammen auf die Tasse oder Kanne gesetzt. Danach erst füllt man die abgewogenen, wie für Filterkaffee mittelfein gemahlenen Kaffeebohnen in den Filter und überbrüht sie sorgfältig mit dem temperierten Wasser bis einen halben Fingerbreit unter dem oberen Rand. Die Mischung wird mit dem dazugehörigen Rührstab einmal umgerührt, um das heiße Wasser und den Kaffee optimal zu vermischen. Dann setzt man den zweiten Kolben,

DIE CREMA

Ohne Crema ist Espresso kein Espresso. Das Auge isst – in diesem Fall trinkt – mit. Doch die Crema sagt nur sehr wenig über den Geschmack des Espresso aus. Sie entsteht, weil der Brühdruck das bei der Röstung entstandene CO_2 aus den Bohnen löst. Zugleich werden ätherische Kaffeeöle sowie Proteine und Kohlenhydrate aus dem Kaffeepulver gelöst und schäumen unter dem Brühdruck auf. Nun verbindet sich das in Form von Bläschen entweichende CO_2 mit den Kaffeeölen zu einer cremigen Emulsion, die als Crema auf dem Espresso erscheint. Eine besonders standfeste Crema gibt es mit Robusta-Bohnen. Aus diesem Grund enthalten fast alle klassischen Espresso-Röstungen zumindest einen Teil Robusta. Um zu testen, ob die Crema perfekt ist, gibt es einen einfachen Trick: Gibt man einen Espressolöffel Zucker mittig darauf, muss der

Zucker einige Sekunden auf der Crema liegen bleiben, bevor er hinabsinkt. Auch wird die Crema aufgrund des in ihr gebundenen Kohlendioxids immer säuerlicher schmecken als der Espresso.

Wenn die Crema hell ist und der Espresso säuerlich und wässrig schmeckt, ist er unterextrahiert. Dies könnte daran liegen, dass
- der Mahlgrad zu grob war
- zu wenig Kaffeemehl im Siebträger war
- der Pressdruck beim Tampern zu niedrig war
- das Wasser zu kalt war
- zu viel Wasser verwendet wurde

Wenn die Crema sehr dunkel ist und der Espresso zu bitter schmeckt, ist er überextrahiert. Dies könnte daran liegen, dass
- der Mahlgrad zu fein war
- zu viel Kaffeemehl im Siebträger war
- zu stark getampert wurde
- das Wasser zu heiß war
- die Wassermenge zu gering war

oben links Die AeroPress ermöglicht eine Vielzahl unterschiedlicher Zubereitungsmethoden.

oben rechts Mithilfe der Chemex kann man sehr guten, gleichmäßig extrahierten Filterkaffee zubereiten.

unten Das Herdkännchen, die Bialetti, darf in Italien in keinem Haushalt fehlen und erfreut sich auch hierzulande großer Beliebtheit.

den Presskolben, umgehend auf den mit Kaffee gefüllten Zylinder. Dadurch wird der Zylinder dicht verschlossen, und es bildet sich ein Vakuum über dem frisch aufgebrühten Kaffee, das verhindert, dass weiteres Wasser durch den Filter tropft.

Nun kommt es wieder auf die persönlichen Vorlieben an: Je nachdem, wie stark man seinen Kaffee mag, wartet man etwa 1 Minute – aber auch Extraktionszeiten von 30 Sekunden oder deutlich länger als 1 Minute sind möglich – und beginnt dann, den Kolben langsam herunterzupressen, bis es zischt. Nun ist immer noch etwas Wasser im Kaffeesatz, aber durch weiteres Pressen würde man auch die Bitterstoffe herausdrücken, was nicht erwünscht ist.

Die Chemex – vom Chemielabor in die Küche

Der Kaffeekanne mit klassischem Porzellanfilter sehr ähnlich, aber viel stylisher, ist die Chemex. Diese Karaffe erinnert an einen großer Erlenmeyerkolben aus dem Chemielabor, kein Wunder, ist ihr Erfinder doch der deutsche Chemiker Peter Schlumbohm. Am Hals, an der schmalsten Stelle, ist die Karaffe von einer Holzmanschette umgeben, an der man sie auch anfassen kann. Die Rinne im oberen Teil der Karaffe, die in einem Ausgießer am Rand endet, ermöglicht problemloses Einschenken. Dank der großen Öffnung, durch die der Kaffee in die Karaffe tropft, werden die Aromen sehr gleichmäßig extrahiert. Da der spezielle Papierfilter für die Chemex fester und feinporiger ist, hält er mehr Kaffee-Sedimente und -Öle zurück. Der in ihr zubereitete Kaffee schmeckt sauber und vollmundig mit wenig Bitterstoffen.

Das Herdkännchen – in Italiens Küchen zu Hause

Herdkännchen nennen wir die kleine Kanne, die weltweit auch unter dem Namen ihres Erfinders, des Italieners Alfonso Bialetti, bekannt ist. Wir sagen bewusst nicht Espressokanne dazu, denn mit ihr kann man zwar einen kleinen, schwarzen Kaffee zubereiten, aber keinen Espresso. Denn ein Espresso benötigt hohen Druck, aber hier baut sich lediglich ein Druck auf, der nur knapp über dem des Luftdrucks liegt.

Dennoch darf die Bialetti in ihrer Heimat Italien in keinem Haushalt fehlen. Dort gehört es zum Morgen, die kleine Kanne zu befüllen, auf den Herd zu stellen und zu warten, bis sich der starke Kaffee zuerst mit leisem Zischen und schließlich mit heftigem Fauchen bemerkbar macht. Doch genau hier liegt das Problem der Bialetti: Es darf gar nicht erst zu dem Fauchen kommen. Allein die hohe Temperatur des aufsteigenden Wassers reicht aus, dass der Kaffee eher bitter wird. Setzt man ihn dann noch zu lange der Extraktion aus, fördert das die Bitterkeit.

Man sollte stets vorgewärmtes Wasser nehmen, damit sich der Kaffee beim Aufheizen nicht zu stark erhitzt. Zur Zubereitung das Unterteil des Kännchens mit heißem Wasser bis zur Markierung füllen, den Siebeinsatz daraufsetzen und bis zum Rand locker mit den fein gemahlenen Kaffeebohnen füllen. Das Kaffeemehl darf nicht angedrückt werden. Abschließend wird der obere Teil der Kaffeekanne aufgeschraubt. Wichtig ist, dass die Gummidichtung sauber ist, denn nur so schließt die Kanne optimal und kein Dampf kann entweichen. Das gefüllte Kännchen bei mittlerer Temperatur erwärmen, den Deckel dabei offenlassen, um Kontrolle über die Extraktion zu behalten.

Durch das Erhitzen erwärmt sich nicht nur die über dem Wasser befindliche Luft, sondern das Wasser beginnt auch zu kochen, und es entwickelt sich Dampf. Der durch den Dampf induzierte Überdruck lässt das heiße Wasser durch das Steigrohr, durch das erste Sieb und den darin befindlichen Kaffee und das darüberliegende Sieb in die Kanne steigen. Wenn der Kaffeefluss langsam versiegt oder wenn in der Kanne ein leichtes Gurgeln wahrnehmbar ist, muss die Kanne vom Herd genommen werden. Man sollte vermeiden, dass heißer Dampf durch das Kaffeemehl steigt, und so die verbliebenen Bitterstoffe aus dem Kaffee löst. Am besten ist es, den Brühvorgang abzubrechen, indem man den unteren Teil der Kanne in ein kaltes, feuchtes Tuch wickelt oder indem man ihn unter fließendes kaltes Wasser hält.

Die French Press – vielfach unterschätzt

Die Stempelpresskanne ist ein Klassiker, wird aber nach wie vor häufig unterschätzt. Mit ihr lässt sich unkompliziert ein guter Kaffee zubereiten – und sie ist preiswert. Auch hier gilt, nur wenn Kaffeemehl, Wasser und Extraktionszeit im richtigen Verhältnis zueinander stehen, erzielt man ein gutes Ergebnis. Wer in der French Press seinen Kaffee direkt aufgießt, wird mit einem körperreichen, vollmundigen Kaffee belohnt. Von Nachteil ist allerdings, dass das eher grobmaschige Sieb, mit dem man den Kaffeesatz herunterdrückt, nicht nur mehr Öle im Kaffee belässt, sondern leider auch nicht alle festen Partikel zurückhält, sodass in der Tasse zuweilen ein bisschen sandiger Bodensatz verbleibt. Vor der Zubereitung des Kaffees die Cafetière, wie die French Press auch genannt wird, mit etwas heißem Wasser vorwärmen. Anschließend das Wasser aus der Kanne gießen und eine je nach gewünschter Geschmacksintensität mittelgrob oder grob gemahlene Menge Kaffee in die Kanne geben. Das Wasser aufkochen lassen, auf 92–94 °C temperieren und zum Vorbrühen bei Verwendung von 1 Liter Wasser etwa einen Viertelliter davon über den Kaffee gießen. Kaffeepulver und Wasser gut verrühren, dann das restliche heiße Wasser zugießen und den Deckel auf die Kanne setzen. Der Kaffee kann durchaus 3–5 Minuten ziehen – hier ist eine längere Kontaktzeit erwünscht, da die Extraktion aufgrund der gröberen Mahlung und der damit geringeren Oberfläche ein wenig langsamer vonstatten geht –, dann den Stempel herunterdrücken.

oben Die Stempelpresskanne, die French Press, ist ein Klassiker. Mit ihr lässt sich unkompliziert guter Kaffee zubereiten.

unten Der Kaffeesiphon oder Vakuumbereiter ist wohl die spektakulärste Vorrichtung, um Kaffee zuzubereiten.

Der Kaffeesiphon – Alchemie der Zubereitung

Es ist einfach spektakulär, wie das Wasser von der unteren Karaffe langsam in den oberen Kolben steigt, um sich dort mit dem Kaffeemehl zu vermischen und dann wieder den gleichen Weg durch einen Filter zurück in die Kanne nimmt. Wie bei der Bialetti wird auch hier mit Überdruck gearbeitet.

Bei der Vakuumkanne befinden sich zwei Glaskolben übereinander. In den oberen wird ein Filterpapier eingespannt, bevor man ihn auf den mit Wasser gefüllten unteren Kolben setzt. Dann wird der Kaffeesiphon erhitzt und über ein Steigrohr wird das heiße Wasser in den oberen Kolben gedrückt. Um die Extraktionszeit besser kontrollieren zu können, gibt man erst dann das mittelfein gemahlene Kaffeemehl dazu, der Kaffee wird einmal umgerührt, und dann lässt man ihn ziehen. Dadurch, dass der Siphon auf der Wärmequelle bleibt, kann der Druck im unteren Kolben aufrechterhalten werden. Dort verbleibt immer etwas Wasser, damit er nicht platzt. Es sieht so aus, als würde der Kaffee im oberen Kolben kochen, aber das Wasser wird nicht heißer als 95 °C. Nach der gewünschten Extraktionszeit – etwa 1 Minute – unterbricht man die Wärmezufuhr. Dadurch kühlt der Dampf im unteren Kolben wieder ab und kondensiert, so entsteht ein Unterdruck, und der Kaffee wird durch den Filter zurückgesaugt.

Die Kapselmaschine – außen hui und innen ...

Dem Thema Kaffeekapseln stehen wir eher kritisch gegenüber. Die Verpackung ist im Verhältnis zum Inhalt einfach zu teuer – die Ökologie mal ganz außer Acht gelassen. Wir haben noch keinen Kaffee aus der Kapselmaschine getrunken, der unserer Meinung nach wirklich gut war. Solche Maschinen sind zwar praktisch, sorgen aber nicht für ein besonderes Geschmackserlebnis.

Der Kaffeevollautomat – alles aus einem Gerät

Sie sind praktisch, liefern einen guten Kaffee auf Knopfdruck und sind auch noch ganz schön anzusehen. Aber sie haben einen großen Nachteil: Die Maschen- oder Lochgrößen des Siebs sind auf die Zubereitung von Kaffee Crème, Espresso und espressobasierten Milchgetränkespezialitäten ausgelegt und aus diesem Grund etwas gröber. Wie ein guter Zehnkämpfer wird ein guter Vollautomat in allen Disziplinen stets auf Top Niveau Ihr Lieblingsgetränk zubereiten. Auf jede Einzeldisziplin betrachtet fehlen jedoch immer die letzten 3 % für ein rundum perfektes Ergebnis. Doch auch die Vorzüge sollte man sehen: Jede Tasse ist frisch gebrüht aus frisch gemahlenen Bohnen. Am richtigen Einsatzort und gut eingestellt sind sie eine Bereicherung für die Kaffeequalität.

Cold Brew – bei Kennern heiß begehrt

Die Kunst beim Cold Brew ist es, möglichst wenig Säure aus den Kaffeebohnen zu lösen. Dieses Fehlen von Säure bei gleichzeitig vollem Körper und Aroma und einer überraschenden Süße macht die Methode des Cold Brew bei Kennern so beliebt.

Als Cold Brew bezeichnet man Kaffeebrühen mit kaltem Wasser über mehrere Stunden. Dafür wird fein gemahlener Kaffee in einen Glaszylinder gefüllt und mit Filterpapier bedeckt. Über dem Glaszylinder befindet sich ein mit Eiswürfeln gefülltes Gefäß. Die Eiswürfel schmelzen langsam, Wasser tropft herab und durchfeuchtet somit das Kaffeemehl. Das Filterpapier hat zwei Funktionen: Zum einen sorgt es dafür, dass sich das Wasser gleichmäßig auf dem Kaffeemehl verteilt und zum anderen federt es die Wucht des Tropfens auf den gemahlenen Kaffee ab, da dieser sonst einen kleinen »Krater« im Kaffee hinterlassen würde. Mithilfe eines Hahns kann man genau steuern, wie schnell das Wasser auf den Kaffee tropft. Der fertige, kalt gebrühte Kaffee wird dann in einer Glaskanne unter dem Zylinder aufgefangen.

Genossen werden können die Cold Brews auf ganz unterschiedliche Weise. Sie schmecken einfach pur auf Eis in einem schönen Weinglas mit einigen Blättchen Minze köstlich und wer möchte, kann sein Getränk mit einem Schuss kalter Milch oder kaltem Milchschaum verfeinern. Wir bei der Dinzler Kaffeerösterei bieten Cold Brew Kaffee gerne an der Bar als Aperitif an, unter anderem mit Tonic Water oder in Form von Cold Brew Mojito mit braunem Rum, Tonic Water, Limette und Minze. Wie genau wir diese Cold Brews zubereiten, steht im Rezeptkapitel (→ siehe Seite 178).

Wer Cold Brew Kaffee zubereiten möchte braucht Geduld, wird aber mit einem besonderen Geschmackserlebnis belohnt.

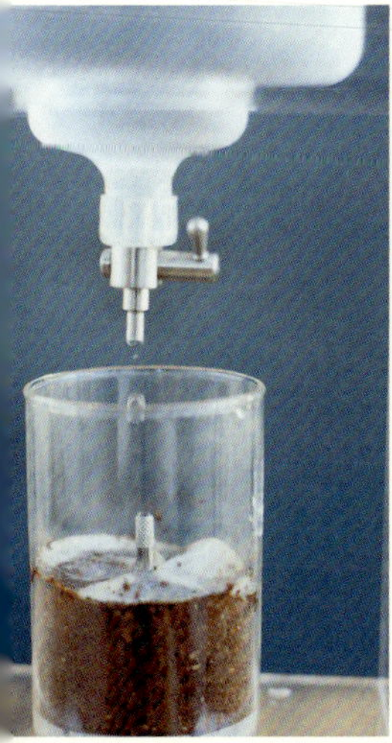

DER MILCHSCHAUM – CREMIG, SÜSSLICH, UNWIDERSTEHLICH

Was passiert beim Schäumen mit der Milch? Milch besteht aus Wasser, Eiweiß, Fett und Kohlenhydraten. Bei 40 °C beginnt das Milchprotein durch die thermische und mechanische Behandlung zu denaturieren. Gleichzeitig bildet das Fett zusammen mit den Proteinen ein Gerüst, in dem die Luftbläschen eingeschlossen sind: den Milchschaum. Die Beschaffenheit des Schaums hängt von der Dauer des Schäumens, vom Eiweißgehalt und von der Temperatur der Milch ab. Je mehr Luft eingearbeitet wird, desto grobporiger und fester wird der Schaum. Wird die Milch zu heiß, setzt sich der Schaum als Krone ab, anstatt eine cremige Verbindung mit dem Espresso einzugehen. Die Milchtemperatur darf nicht über 65 °C steigen, sonst verliert die Milch ihre Süße und schmeckt wässrig. Am Anfang steht die Auswahl der richtigen Milch. Wir empfehlen die Verwendung von kalter, möglichst frischer, homogenisierter, pasteurisierter Milch mit einem hohen Fett- und Eiweißgehalt, mindestens 3,5 Prozent Fett sind ideal. Schaum aus homogenisierter Milch bleibt länger stabil, bei nicht homogenisierter Milch landet stets unterschiedlich viel Fett im Kännchen, was immer einen anderen Schaum nach sich ziehen wird. Zudem empfehlen wir immer, möglichst frische Milch zu verwenden, da sich die Proteine während der Lagerung verändern und beim Schäumen dann eventuell nicht mehr so ein schönes Gerüst bilden. Das Fett in der Milch sorgt nicht nur für ein gutes Mundgefühl, sondern ist auch ein Geschmacksträger: Je mehr die Milch davon enthält, umso vollmundiger ist ihr Geschmack. Bei einem mit Magermilch zubereiteten Cappuccino erscheint der Kaffeegeschmack in den ersten Momenten intensiver, ist aber nicht so nachhaltig wie in Kombination mit Vollmilch. Wer meint, er müsse wegen des Kaloriengehalts auf fettarme Milch zurückgreifen, sollte sich vor Augen führen, dass 150 Milliliter fettarme Milch in einem Cappuccino mit rund 70 Kilokalorien zu Buche schlagen, Vollmilch mit 30 Kilokalorien mehr – ein Unterschied, der bei einem gesunden Menschen im wahrsten Sinn des Wortes nicht ins Gewicht fällt.

Das Schäumen – erst ziehen, dann rollen

Zum Aufschäumen der Milch wird ein Kännchen aus Edelstahl benötigt. Dieses sollte nach oben konisch zulaufen und einen Ausgießer haben. Je größer die Kanne, desto leichter gelingt einem Anfänger das Schäumen, da die größere Menge Milch nicht so schnell heiß wird, allerdings muss die Milchmenge und die Kannengröße dem Dampfdruck der jeweiligen Espressomaschine angepasst werden. Zuerst wird die kalte, frische Vollmilch direkt aus dem Kühlschrank in das Milchkännchen gefüllt. Die Milch sollte das Kännchen etwa zur Hälfte füllen. Nun kann das Schäumen beginnen: Da sich in der Milchschaumdüse Kondenswasser bildet, muss sie vor dem Schäumen kurz geöffnet werden. Da die Düse sehr heiß ist und das austretende Wasser spritzt, sollte man hier mit Umsicht arbeiten. Das Milchkännchen am Griff fassen, die Spitze des schräg sitzenden Dampfrohrs so unter die Milchoberfläche tauchen, dass sie sich etwa 1 cm vom Kannenrand entfernt befindet. Beim Schäumen das Kännchen mit der Milch gerade halten. Das Rohr sollte nur soweit in die Milch ragen, dass sich die Dampfdüse gerade eben unter der Oberfläche befindet und die Wand des Kännchens nicht berührt. Indem man mit der Dampfdüse nahe an den Kannenrand geht, erzeugt man eine Richtung, in die sich der Dampf bewegt. Dies ist wichtig, um die Milch schon beim Schäumen von Anfang an in der Kanne rollen zu lassen.

Wenn das Rohr in die Milch ragt, das Dampfrad richtig weit aufdrehen – nicht zögerlich sein. Bei zu niedrigem Dampfdruck bewegt sich die Milch nicht ausreichend, und der Milchschaum gelingt nicht wie gewünscht.

Zum Schäumen gut gekühlte Milch verwenden und den Dampfhahn ganz aufdrehen.

In der Ziehphase soll die Dampfdüse stets knapp unter der Milchoberfläche sein.

Bei ausreichend Dampf ist ein schlürfendes, eher spritzendes Geräusch hörbar, bei zu wenig Druck ist es ein Kreischen. Das Kännchen dabei ganz ruhig halten, nicht schwenken. Sobald das Milchvolumen steigt, die Kanne nach unten bewegen, sodass sich die Dampfdüse stets knapp unter der Milchoberfläche befindet. Dadurch wird Luft eingearbeitet, und es bildet sich ein Schaumteppich auf der Milch. Die Milch unten im Gefäß erwärmt sich in dieser Phase nur leicht. Die Temperatur der Milch kann man mit einem Griff an den Kannenboden leicht überprüfen: Sie sollte während des Aufschäumens lediglich handwarm werden. Das Milchvolumen sollte bis etwa 2 Zentimeter unter den Kannenrand steigen. Die Bläschen in dem Schaum können zu diesem Zeitpunkt noch etwas größer sein. Diese erste Phase des Schäumens bezeichnet man als Ziehphase, auch *Poring* genannt.

Nun beginnt die zweite Phase, das *Rolling*. Dafür taucht man die Dampfdüse etwas weiter in die Milch hinein, aber sie befindet sich immer noch nah am Kannenrand. Ziel ist es, in der Milch eine rollende Bewegung zu erzeugen, ohne dass die Schaumdecke aufreißt. Zu diesem Zeitpunkt wird kein zusätzlicher Schaum durch das Einarbeiten von Luft produziert, sondern vielmehr ein Strudel, mit dem Schaum nach unten und Milch nach oben befördert wird, sodass sich beides vermischt. Das *Rolling* wird idealerweise beendet, wenn die Milchtemperatur bei 65 °C liegt.

Ist bereits ein brodelnder, dumpfer Ton wahrnehmbar, so weist das darauf hin, dass die Milch anfängt zu kochen – sie ist zu heiß. Hilfreich ist die Fühlprobe: Der kurze Griff an den Kannenboden muss noch gerade so erträglich sein, es kann schon ein wenig stechen, und

Sobald die Milch 65 °C warm ist, die Dampfdüse umgehend schließen.

man möchte die Hand am liebsten sofort wieder wegziehen. Um ein Gefühl für die Temperatur zu bekommen, ist es hilfreich, wenn man die Milchtemperatur mithilfe eines Thermometers am Ende des Schäumens überprüft. In der Regel sagen unsere Tastsinne schon bei 55–57 °C: Jetzt reicht's. Dabei könnte die Milch samt Schaum ruhig noch ein wenig heißer sein. Ist die Milch 65 °C warm, schmeckt der Schaum nicht nur süß, sondern ist auch schön homogen, cremig und glänzend. Jetzt sollte die Dampfdüse schleunigst wieder verschlossen werden, damit die Milch nicht noch heißer wird.

Das Kännchen beiseitestellen, um die Dampfdüse mit einem feuchten Tuch sorgfältig abzuwischen. Auch der Dampf sollte noch einmal kurz aufgedreht werden, um Milchreste aus dem Inneren der Dampfdüse in das Tuch abzulassen. Jetzt ist es an der Zeit, die Kaffeespezialität fertigzustellen.

Latte Art – Kunst aus Milchschaum

Parallel zum Schäumen oder zuvor wurde ein einfacher oder doppelter Espresso in die vorgewärmte, dickwandige Cappuccino-Tasse gebrüht. Für einen Cappuccino – mit Verzierung – die Kanne mit dem Milchschaum schwenken, sodass sich der dicke Milchschaum, der sich in die Mitte der Kanne zurückgezogen hat, wieder mit dem restlichen Schaum verbindet. Einen Teil des Schaums in ein kleineres Kännchen mit Ausgießer geben **(01)**.

HERZ

Die Cappuccino-Tasse in die Hand nehmen, leicht schräg halten, das zweite Milchkännchen etwas steiler als im rechten Winkel direkt über den Tassenrand halten und zügig Milchschaum eingießen **(02)**.

Der Milchschaum muss die Crema-Schicht durchbrechen und kommt vom Tassenboden zurück nach oben **(03)**. Die Crema wird an den Rand gedrängt und in der Mitte befindet sich ein weißer Fleck **(04)**.

Nun die Tasse gerade halten, den Winkel des Kännchens nicht verändern, aber das Kännchen ein wenig höher halten, noch ein bisschen Schaum in den weißen Fleck gießen **(05)** und dann den dünnen Schaumstrahl mittig und rasch durch den weißen Fleck wegziehen, dabei das Milchkännchen durch eine Drehung des Handgelenks nach oben führen. Fertig ist die Latte Art: ein Herz **(06)**.

01

02

03

04

05

06

BLATT

Auch ein Blatt lässt sich mit ein wenig Übung zaubern. Dafür wie beschrieben Milchschaum und Espresso zubereiten. Die Cappuccino-Tasse mit dem Espresso in die Hand nehmen und etwas Milchschaum am Rand eingießen **(01)**. Der Milchschaum durchbricht die Crema und kommt vom Tassenrand zurück nach oben **(02)**. Nun die Tasse gerade halten und das Milchkännchen vom Rand in Richtung Mitte in einer langsamen, fließenden, schwenkenden Bewegung ziehen **(03 & 04)**. Am Ende das Kännchen etwas anheben und rasch für den Blattstiel durch das Blatt fahren **(05)**. Fertig ist das Blatt **(06)**.

Es gibt noch zahlreiche andere, wunderschöne Latte-Art-Kunstwerke, die man zuweilen serviert bekommt, darunter zum Beispiel Schwäne.

Früher gab man zur Abrundung noch etwas Kakaopulver auf den Cappuccino, der Kakao auf der Milch beeinträchtigt zwar die Latte-Art, aber unterstreicht den Geschmack des Espresso. Dies ist besonders bei Cappuccino erwünscht. Gibt man ihn auf den Milchschaum, trinkt man ihn mit den ersten beiden Schlucken, sodass diese recht süß schmecken werden. Auf den Geschmack des restlichen Cappuccinos wirkt sich der Kakao dann allerdings nicht mehr aus. Deshalb geben wir stets ein wenig Kakao direkt auf den Espresso in der Cappuccino-Tasse. So rundet er den Kaffeegeschmack perfekt ab – im ganzen Getränk.

01 02

03 04

05 06

Der deutsche Kaffeemarkt ist der drittgrößte weltweit. Lediglich in den USA und in Brasilien wird mehr Kaffee verkauft.

DER BARISTA: AUSBILDUNG UND WELTMEISTERSCHAFT

Eine normale Ausbildung zum Barista gibt es (bislang) nicht. Aber es gibt einen Ersatz: die IHK-zertifizierte Barista-Ausbildung. Die IHK-Akademie bietet diese kostenpflichtige Ausbildung an, bei der ein Teil bei der Industrie- und Handelskammer (IHK) und ein Teil bei der Dinzler Kaffeerösterei stattfindet. Insgesamt dauert diese Ausbildung 64 Unterrichtsstunden, aufgeteilt in drei Module. Sowohl bei der IHK als auch bei Dinzler erfolgt Theorie- und Praxisunterricht. Am Ende der Ausbildung absolviert jeder Schüler noch ein dreitägiges Praktikum bei der Dinzler Kaffeerösterei an der Bar.

DIE DINZLER KAFFEE-AKADEMIE – ZENTRUM DES GENUSSES

Um der Ausbildung rund um den Kaffee noch mehr Raum zu geben, hat die Dinzler Kaffeerösterei ihre Kaffee-Akademie entwickelt. In dem 4.000 Quadratmeter großen Gebäude befinden sich nicht nur ein Showroom, eine Akademie für Wissbegierige, eine große Konditorei sowie Raum für Veranstaltungen und Ausstellungen – das ist lediglich der äußere Rahmen. Ziel des Unternehmens ist es, mithilfe der Akademie das Bewusstsein für Qualität und Genuss zu wecken, über den Kaffee hinaus. So sollen dort nicht nur Barista-Seminare, sondern auch Koch- und Pralinenkurse abgehalten werden.

Rezepte

»Die Rezepte auf den folgenden Seiten sind nicht nur typisch für die Dinzler Kaffeerösterei, sondern zudem bei unseren Gästen sehr beliebt. Unter ihnen sind sowohl wahre Evergreens, die uns bereits seit vielen Jahren begleiten, als auch brandneue Entwicklungen, dic wie eine Bombe eingeschlagen sind. Zu unseren Klassikern zählt der Allgäuer Eiskaffee. Er wurde von der typischen Wochenend-Barcrew der 2000er-Jahre entwickelt, also von Rolf Fischer, Matthias Richter und mir, Thomas Steinke. Uns hat es kalt erwischt, als die Bestellung eines entkoffeinierten Eiskaffees einging, denn kalten entkoffeinierten Kaffee hatten wir nicht. Rolf hatte die Idee, aus kaltem Milchschaum, Vanilleeis und frisch gebrühtem entkoffeinierten Espresso einen Eiskaffee zuzubereiten – damit stand zugleich der Name fest, denn Rolf stammt aus dem Allgäu. Ein echter Klassiker ist dagegen der Affogato. In Italien ist dieser Espresso mit Vanilleeis eigentlich ein Dessert und steht auf der Karte bei den Eisbechern. Unsere Newcomer sind die Cold Brews. Hier im Buch stelle ich zwei vor: einen Mojito mit Kaffee-Kick und einen klassischen Cold Brew, dem Tonic Water etwas Süße verleiht. Wie Sie sehen, probieren wir ständig Neues aus. Und das sollten auch Sie tun. Greifen Sie immer mal wieder zu einem anderen unserer Kaffees und kombinieren Sie nach Lust und Laune – Sie werden erstaunt sein, was alles möglich ist.«

01

03

02

MONTE BIANCO

Für ein 300-ml-Glas . 20 ml Sirup (z. B. Vanillesirup) . Milch und Milchschaum (etwa 300 ml) . 1 Espresso (40 ml)

Den Sirup zuerst in das Glas füllen. Dann in einem Anlauf ganz mit aufgeschäumter Milch füllen, dabei trennen sich Schaum und Milch voneinander. Abschließend den Espresso langsam zugießen **(01)**.

LATTE FREDDO

Für ein 300-ml-Glas . Eiswürfel . 100 ml kalte Milch . 20 ml Karamellsirup . 1 Espresso (40 ml) . kalter Milchschaum

Das Glas erst zu drei Vierteln mit Eiswürfeln und bis 2 Zentimeter unter den Rand mit kalter Milch auffüllen. Dann den Sirup und den Espresso einfüllen und obenauf noch etwas kalten Milchschaum geben **(02)**.

ALLGÄUER EISKAFFEE

Für ein 500-ml-Glas . 2 Kugeln Vanilleeis . 1 doppelter Espresso (80 ml) . kalter Michschaum

Das Eis in das Glas geben, den Espresso daraufgießen und mit kaltem Milchschaum krönen **(03)**.

AFFOGATO AL CAFFÈ

Für eine kalte Cappuccino-Tasse . 1 Kugel Vanilleeis . 1 doppelter Espresso (80 ml)

Erst die Kugel Vanilleeis in die Tasse geben, dann den heißen Espresso daraufgießen **(01)**.

FRÜCHTE-EISTEE

Für ein 500-ml-Glas . 1 Beutel Früchtetee . 2 TL Zitronenzucker . Eiswürfel . 100 ml Orangensaft, frisch gepresst

Den Teebeutel mit etwa 60 Milliliter heißem Wasser aufgießen und 2–3 Minuten ziehen lassen, dann den Zitronenzucker einrühren und das Glas zu drei Viertel mit Eiswürfeln auffüllen. Zum Schluss den Orangensaft zugießen **(02)**.

01

02

CAPPUCCINO

Für eine vorgewärmte Cappuccinotasse: 1 Espresso (40 ml) . Milch und Milchschaum (etwa 125 ml)

Den Espresso direkt in die Cappuccino-Tasse laufen lassen, den Milchschaum so aus der Kanne in die Tasse gießen, dass eine etwa 1 bis 2 Zentimeter dicke und cremige Milchschaumschicht entsteht oder ein wunderschönes Latte-Art-Motiv zaubern ⟶ siehe Seite 164 ff.

CAFFÈ LATTE

Für eine vorgewärmte Cappuccinotasse . 1 Espresso (40 ml) . Milch und Milchschaum (etwa 125 ml)

Den Espresso direkt in die Cappuccino-Tasse laufen lassen, den Milchschaum so aus der Kanne in die Tasse gießen, dass eine etwa 0,5 Zentimeter dicke und cremige Milchschaumschicht entsteht oder ein wunderschönes Latte-Art-Motiv zaubern ⟶ siehe Seite 164 ff.

COLD BREW TONIC

Für ein 300-ml-Glas . Eiswürfel . 40 ml Cold Brew Kaffee . Süßes Tonic Water . 1 unbehandelte Limettenscheibe (nach Belieben)

Das Glas mit Eiswürfeln auffüllen, dann den Cold Brew Kaffee einfüllen und schließlich noch etwas süßes Tonic Water zugeben. Den Drink nach Belieben mit einer Limettenscheibe garnieren **(links im Bild)**.

COLD BREW MOJITO

Für ein 300-ml-Glas . Eiswürfel . 5 Blätter Minze (angedrückt) . 40 ml brauner Rum . 20 ml brauner Läuterzucker, alternativ brauner Rohrzucker . 40 ml Cold Brew Kaffee . Tonic Water . Minzezweig (nach Belieben)

Das Glas zu drei Vierteln mit Eiswürfeln füllen, die Minzeblätter, den Rum, den Zucker und den Cold Brew Kaffee zugeben. Am Ende noch mit etwas Tonic Water auffüllen und den Drink nach Belieben mit einem Zweig Minze garnieren **(rechts im Bild)**.

ESPRESSO

Für eine vorgewärmte Espressotasse . 7 bis 9 g Espresso . frisch gemahlen (nach Geschmack) . 40 ml heißes Wasser

Direkt vor der Zubereitung die benötigte Menge Kaffee fein mahlen und in den Siebträger füllen. Den gefüllten Siebträger auf die Tampermatte setzen, und den Kaffee leicht mit dem Tamper andrücken. Nun locker mit dem Tamper seitlich gegen den Rand des Siebträgers klopfen, damit am Innenrand des Siebs haftendes Kaffeemehl in das Sieb fällt. Den Tamper fassen, auf den Kaffee in den Siebträger setzen und das Kaffeemehl fest zusammendrücken. Wichtig ist, dass der Kaffee gerade und gleichmäßig in den Siebträger gedrückt wird. Das Kaffeebett muss eben sein. Den befüllten Siebträger in den Brühkopf einspannen, zwei vorgewärmte Espressotassen oder eine Tasse für einen großen Cappuccino unter den Siebträger stellen und die Pumpe durch den Ausfluss-

Bei der Zubereitung von Espresso kommt es auf folgende Punkte an:

- gleichmäßige, feine Mahlung
- perfekte Dosiermenge - orientiert an der zubereiteten Kaffeesorte und dem individuellen Geschmack
- starkes Verdichten (Tampern) des Kaffees
- konstanter Pumpendruck
- optimale Extraktion
- vorgewärmte Tasse

01

02

hebel oder durch Knopfdruck aktivieren. Der heiße Espresso läuft in einem dünnen Strahl in die Tasse. Er macht idealerweise einen kleinen Bogen dort, wo er die Führungsrinne des Siebträgers verlässt, das sogenannte »Mäuseschwänzchen«, und bildet eine schöne dunkelbraune Crema in der Tasse **(01)**.

ESPRESSOTINI

Für ein gekühltes Cocktailglas . Eiswürfel . 40 ml Wodka . 20 ml Kaffeesirup . 10 ml weißer Schokoladensirup . 20 ml Espresso

Alles in einen Cocktailshaker füllen, kräftig schütteln und in das Glas gießen **(02)**.

LATTE MACCHIATO

Für ein 300-ml-Glas . Milch und Milchschaum (etwa 300 ml) . 1 Espresso (40 ml) . Kakaopulver

Die Kanne mit dem Milchschaum schwenken, sodass sich der dicke Milchschaum, der sich in die Mitte der Kanne zurückgezogen hat, wieder mit dem restlichen Schaum verbindet. Das Latte-Macchiato-Glas schräg halten – wie ein Weißbierglas –, etwa zwei Drittel hoch mit Milchschaum füllen und kurz stehen lassen, damit sich der Schaum oben absetzt. Nun nur den verbliebenen Schaum im Milchkännchen in ein zweites Kännchen umfüllen und das Latte-Macchiato-Glas mit heißer Milch aus dem ersten Gefäß auffüllen. Abschließend den Espresso sachte hineingießen. Er wird sich als braune Schicht zwischen Milch und Schaum absetzen. Nach Belieben mit Kakaopulver bestauben **(01)**.

MAROCCHINO

Für ein 300-ml-Glas . 40 ml Zartbitterschokolade, geschmolzen . Milch und Milchschaum (etwa 300 ml) . 1 Espresso (40 ml)

Die Schokolade in das Glas geben, mit Milch und Milchschaum wie beim Latte Macchiato auffüllen und zum Schluss den Espresso angießen **(02)**.

01

02

SÜSSES ZUM KAFFEE

»Seit es die Dinzler Kaffeerösterei am Irschenberg gibt, gibt es auch mich dort. Einige Jahre ist es her, dass ich meinen Job in der Schweiz aufgegeben und bei Dinzler angefangen habe. Hier gibt es keinen Stillstand, ich entwickle mich beständig weiter, weil ich gefordert bin, etwas Neues zu kreieren. Mir gefällt, dass wir nur mit frischen Produkten arbeiten. Wir haben zehn bis zwölf Kuchen im Sortiment, darunter den Apfel-Schmand-Kuchen, der sozusagen der Grundstein für die Erfolgsgeschichte der Konditorei war. An den Rezepten der Klassiker wird nichts verändert, aber sonst legen wir Wert darauf, dass der Kunde in unserer Kuchentheke stets etwas Neues entdecken kann. Je nach Wetterlage und Wochentag bereiten wir in der Konditorei zwischen 35 und 120 Kuchen täglich zu.

Weil der Apfelkuchen unser Klassiker ist, habe ich ihn für diese kleine Rezeptsammlung ausgewählt. Die Amaretti Morbidi und das Tiramisu sind eine Hommage an meine Heimat Italien. Amaretti passen einfach hervorragend zu Kaffee. Bei ihrer Zubereitung liegt die Kunst darin, sie außen schön trocken und innen weich hinzubekommen. Die Sablés Bretons erinnern mich an die Bretagne, die ich sehr mag.

AMARETTI MORBIDI

Für 100 Stück . 100 g Eiweiß . 60 g Zucker . 1 Prise Salz . 130 g gemahlene Mandeln . 50 g Zucker . Abgeriebene Schale von ½ unbehandelten Orange . 3 Tropfen Bittermandel-Aroma . Mark von ½ Vanilleschote

Das Eiweiß mit dem Zucker und dem Salz zu einem festen Eischnee schlagen. Die gemahlenen Mandeln, den Zucker, die Orangenschale, das Bittermandel-Aroma und das Vanillemark vermischen und unter den Eischnee heben. Die Amarettini mit einem Spritzbeutel mit Lochtülle auf ein mit Backpapier ausgelegtes Blech spritzen und mit Zucker bestreuen. Bei 180 °C im vorgeheizten Ofen etwa 10–12 Minuten backen. Sie sind fertig, wenn sie eine goldbraune Farbe haben, auf Fingerdruck aber noch nachgeben.

SABLÉS BRETONS

Für ca. 1 kg Teig (Stückzahl variiert je nach Durchmesser der Ausstecher) . 500 g Mehl . 5 g Salz . 20 g Backpulver . 250 g Butter . 5 Eigelb . 200 g Zucker . Mark von 1 Vanilleschote . 1 Eigelb, zum Bestreichen

Mehl, Salz, Backpulver und Butter in einer Rührmaschine mit Rührbesen zu einem Streuselteig vermengen. In einer separaten Schüssel die Eigelbe, den Zucker und das Vanillemark mit einem Mixer schaumig rühren und dann zum Streuselteig geben. Beide Massen kurz miteinander vermengen. Den Teig in Frischhaltefolie wickeln und über Nacht in den Kühlschrank legen.

Am nächsten Tag den Backofen auf 180 °C vorheizen. Den Teig etwa 4,5 Millimeter dick ausrollen, mit einem runden Ausstecher die Sablés ausstechen, auf ein mit Backpapier belegtes Blech setzen und mit etwas Eigelb bestreichen. Im heißen Ofen 15 Minuten backen, bis sie eine schöne goldene Farbe bekommen. Die Sablés etwas auskühlen lassen und dann mit einem kräftigen Espresso genießen.

01

02

03

04

05

06

TIRAMISU

Für 4 Portionen . 6 frische Eier . 150 g Zucker . 500 g Mascarpone . 2 EL Espresso . 2 EL Amaretto . Espresso zum Tränken . 200 g Löffelbiskuits . Kakaopulver zum Bestauben . Außerdem . 1 Zuckerthermometer

Die Eier trennen **(01)**, Eigelbe mit dem Rührgerät schaumig aufschlagen (Eiweiß anderweitig verwenden). Zeitgleich in einem Topf den Zucker mit 40 ml Wasser zum Kochen bringen. Mit einem Zuckerthermometer die Temperatur des Sirups kontrollieren **(02)**. Wenn der Sirup 118° C erreicht hat, sofort vorsichtig zum Eigelb gießen und die Mischung weiter aufschlagen, bis sie erkaltet ist. Mit dieser Methode wird das Eigelb pasteurisiert.

Den Mascarpone, den Espresso und den Amaretto hinzugeben. Alles gründlich verrühren, bis eine schöne Creme entsteht. Die Löffelbiskuits in Espresso tunken **(03)** und in eine Dessertschale legen, mit der Hälfte der Creme abdecken **(04)**, eine zweite Schicht in Espresso getränkte Löffelbiskuits darauflegen **(05)** und mit dem Rest der Creme abdecken. Für mindestens 2 Stunden im Kühlschrank kalt stellen. Vor dem Servieren mit Kakaopulver bestauben.

BAISERBALLEN
MIT ZITRONE ODER SCHOKOLADE

Für 20 Stück . 180 g Eiweiß . 150 g Zucker . 1 TL Apfelessig . 150 g Puderzucker . 10 g Maisstärke . Zusätzlich 40 g abgeriebene Schale einer unbehandelten Zitrone bzw. 20 g Schokospäne

Für die Grundmasse das Eiweiß mit dem Zucker und dem Essig steif schlagen. Puderzucker und Stärke dazugeben und kurz weiterschlagen, bis die Masse wieder cremig ist.

Für die Zitronenballen die Zitronenschale unter die Baisermasse heben, für die schokoladige Variante die Schokospäne in die Masse rühren.

Die Baisers mit einem Eisportionierer auf ein mit Backpapier ausgelegtes Blech geben, in den Ofen stellen und eine Nacht antrocknen lassen, am nächsten Morgen herausnehmen. Den Backofen auf 100 °C Ober-/Unterhitze vorheizen. Der Ofen darf nicht heißer als 100 °C sein, sonst werden die Ballen durch das Karamellisieren des Zuckers braun. Das Blech mit den angetrockneten Baisers für ungefähr 15 Minuten in den Ofen geben.

Die Baisers zum Kaffee genießen oder darin »ertränken«, sie schwimmen dann wie kleine Bojen auf der heißen Flüssigkeit.

APFEL-SCHMAND-KUCHEN

Für eine Springform mit 26 cm Ø

Für den Mürbeteig . 300 g Mehl . 120 g Margarine . 6 g Backpulver . Mark von 1 Vanilleschote . 2 Eier . 150 g Zucker . Für den Belag . 1 kg Äpfel . ½ TL Zimt . 1 Päckchen Vanillezucker . Saft von ½ Zitrone . Für den Guss . 800 g Schmand . 150 g Zucker . 80 g Vanille-Puddingpulver . Mark von 1 Vanilleschote . 1 Prise Salz . 8 Eier . 500 ml Milch . Außerdem . Fett für die Form . Semmelbrösel zum Bestreuen . 50 g gehobelte Mandeln

Für den Mürbeteig alle Zutaten mischen und zügig verkneten. Den Teig zu einer Kugel formen und mit Folie umwickelt für mindestens 1 Stunde in den Kühlschrank geben.

In der Zwischenzeit den Backofen auf 180 °C Umluft vorheizen. Die Äpfel schälen, das Kerngehäuse entfernen und das Fruchtfleisch in feine Scheiben schneiden. Die Apfelscheiben mit dem Zimt, dem Vanillezucker und dem Zitronensaft vermischen und beiseitestellen.

Für den Guss Schmand, Zucker, Puddingpulver, Vanillemark und Salz vermischen. Eier und Milch zugeben und alles gut verrühren. Den Mürbeteig ausrollen, in die gefettete Springform legen und einen Rand formen. Mit Semmelbröseln bestreuen. Äpfel darüber geben und mit dem Guss auffüllen. Zum Schluss mit den gehobelten Mandeln bestreuen. Im vorgeheizten Ofen etwa 70 Minuten backen, herausnehmen und in der Form abkühlen lassen.

DINZLER

ANGEBERWISSEN

Preisentwicklung von Rohkaffee in den letzten Jahren

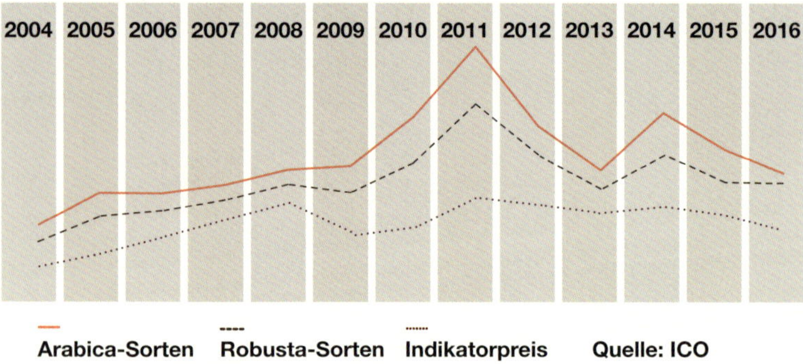

Anteile Kaffeespezialitäten im Außer-Haus-Markt
im Jahr 2015/2016 in Prozent

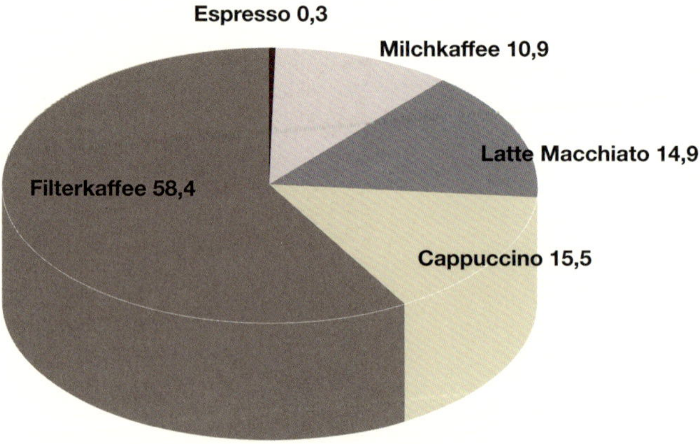

Vergleich des Konsums
ganze Bohnen vs.
gemahlener Röstkaffee
in Deutschland 2015/2016

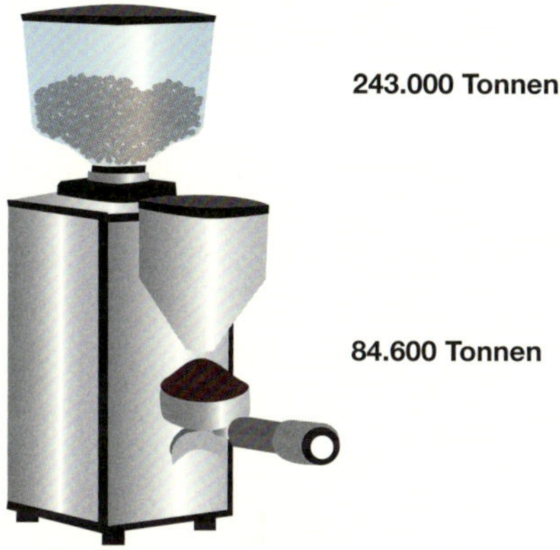

Pro-Kopf-Verbrauch von
Kaffee in Österreich,
der Schweiz und Deutschland
im Jahr 2015/2016

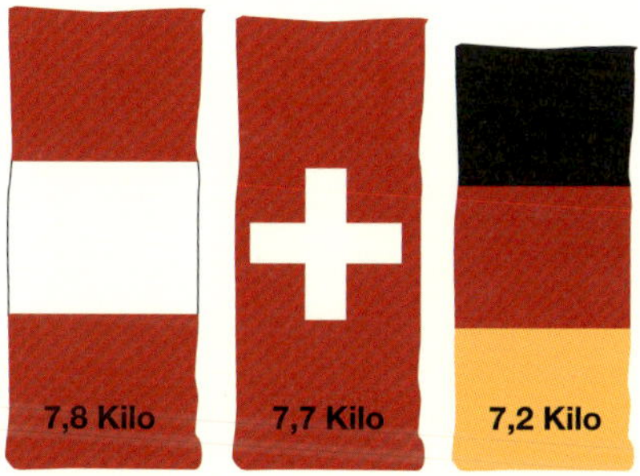

Anteil zertifizierter Kaffee
am Röstkaffeemarkt
im Jahr 2015/2016

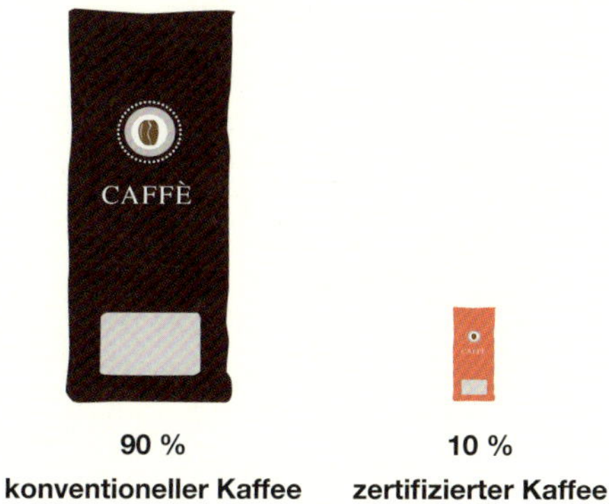

ÜBER DIE AUTOREN

Isolde Richter ist seit fast 20 Jahren Mitinhaberin der Kaffeerösterei Dinzler in Irschenberg. Sie kümmert sich um die, an die Kaffeerösterei angeschlossenen »Bohnenläden« in Rosenheim, Irschenberg und Schwäbisch Gmünd und wählt aus, was dort angeboten wird. Isolde hat den größten Anteil daran, dass die Atmosphäre im Haus immer passt und das Ambiente und der Stil einzigartig sind und bleiben.

Für *Max Bauer* dreht sich seit 2005 mit Beginn der Arbeit in der ehemaligen Hauptproduktionsstätte in Rosenheim alles um die Kaffeebohne. 2007 folgte dann neben einer kaufmännischen Ausbildung die umfangreiche interne Ausbildung zum Röstmeister. Im Jahr 2012 übernahm er die Leitung der Kaffeerösterei in Irschenberg.

Thomas Steinke war und ist als erster und somit dienstältester Mitarbeiter der Dinzler Kaffeerösterei, schon unter dem ehemaligen Inhaber Klaus Dinzler in Bischofswiesen lange Jahre unter anderem zuständig für das Kaffeerösten. Nach dem Erwerb der Kaffeerösterei durch die Familie Richter kamen Aufgaben im Bereich der Gastronomie, insbesondere der Leitung von Bar und der Dinzler Kaffeeakademie in Irschenberg hinzu.

DANKSAGUNG

Isolde Richter: »Mein Dank geht an meinen Mann Franz, meine Kinder und unsere Mitarbeiter.«

Max Bauer: »Im Namen von Thomas, Isolde und mir geht ein großes Dankeschön an alle, die ihre Energie und ihren Einsatz in die Entstehung dieses Buchs gesteckt haben. Allen voran Anja Ashauer-Schupp, die in unzähligen Treffen, Telefonaten, E-Mails und Interviews selbst zum größten Kaffeekenner mutiert sein muss. Raffaela Niermann, Annemarie Heinel und Thomas Nehm vom Christian Verlag, die von Anfang an Großes in diesem Projekt gesehen haben und es mit entsprechender Hingabe begleitet haben. Christian Jebsen, der mit seinem Wissen rund um das Thema Rohkaffee und die Einblicke, die er gewährt hat, das Buch wirklich bereichert, vielen Dank. Mein ganz persönlicher Dank an meine Frau Anna Lena und natürlich an alle meine Kolleginnen und Kollegen in Irschenberg, Rosenheim und Schwäbisch Gmünd.«

Thomas Steinke: »Vielen Dank an alle treuen Kunden und Gäste unseres Hauses. Nicht zuletzt waren sie diejenigen, die uns zum Schreiben dieses Buches veranlasst haben!«

GLOSSAR

Arabica Bezeichnung für Coffea Arabica. Diese Sorte wird weltweit am häufigsten angebaut.

Ausgasen Der Prozess, bei dem die Kaffeebohnen nach dem Rösten Kohlendioxid abgeben.

Barista Italienische Bezeichnung für Barkeeper. Im Deutschen ist damit die Person gemeint, die in einem Café oder einer Kaffeebar für die Kaffeezubereitung zuständig ist.

Beneficio Eine »Mühle«, die bei der Aufbereitung von Kaffee zum Einsatz kommt.

Blend Eine Mischung von Kaffeebohnen verschiedener Provenienzen (zum Beispiel Arabica und Robusta) vor oder nach dem Rösten zusammengestellt.

Bialetti In Italien gebräuchliches Herdkännchen, mit dem ein starker, dem Espresso ähnlicher Kaffee zubereitet wird.

Blooming Anfeuchten des Kaffeemehls bei handgefilterten Aufgüssen, damit die spätere Extraktion gleichmäßig abläuft. Durch den Kontakt mit Wasser wölbt sich der gemahlene Kaffee nach oben, er »blüht« auf.

Blue Mountain Kaffees Hochpreisige Kaffees aus Jamaikas »Blue Mountains«.

Brühzeit Zeitraum, in dem das Wasser in Kontakt mit dem Kaffee tritt.

Cold Brew Kaffeeaufguss mit kaltem Wasser, siehe Seite 156.

Crema Kaffeeschaum auf dem Espresso, hervorgerufen durch den Druck bei der Extraktion.

Defekt Als Defekt bezeichnet man sowohl eine mangelhafte Bohne, deren schlechter Geschmack sich auf den ganzen Kaffee niederschlagen kann, als auch eine Bohne, die Spuren von Schädlingen aufweist. Auch Folgen einer schlechten Aufbereitung bezeichnet man als Defekt. Manche Defekte erkennt man direkt am Rohkaffee, andere treten erst nach dem Aufbrühen zutage.

Entpulpen Entfernen des Fruchtfleisches der Kaffeekirsche, so dass nur die Kaffeebohnen mit der Pergamenthaut übrig bleiben.

Einbrand Gewichtsverlust, der beim Rösten des Kaffees entsteht.

Extraktion Herauslösen der Inhaltsstoffe aus dem Kaffeemehl durch das heiße Wasser.

Extraktionszeit Zeit, die das Wasser benötigt, um durch den Kaffee zu laufen bis die gewünschte Menge in der Tasse ist und die gewünschten Inhaltsstoffe gelöst sind. Je nach Zubereitungsart und Menge des Kaffees muss der Mahlgrad entsprechend gewählt werden, um die gewollte Extraktionszeit und damit den gewünschten Geschmack zu erreichen.

Fazenda Kaffeeplantage in Brasilien, das portugiesische Wort für Farm/Landgut.

Fehlbohne Kaffeebohne mit Defekt.

Fully washed (siehe Nassaufbereitung)

Gelagerter Kaffee Kaffee wird über mehrere Jahre eingelagert, damit sich der Geschmack unter den kontrollierten Lagerbedingungen verändert, beispielsweise verringert sich so der Säuregehalt.

Giling Basah Aufbereitungsmethode in Indonesien, bei der die noch nicht vollständig getrockneten Bohnen aus der Pergamenthaut gelöst und erst dann fertig getrocknet werden.

Gourmetkaffee Qualitativ hochwertiger Kaffee, dessen Weg bis zum Bauern zurückverfolgt werden kann.

Grading Einstufung eines Rohkaffees nach seinen Qualitäten. Die Klassifizierung kann nach der Bohnengröße erfolgen, aber es gibt auch Gradings nach der Bohnendichte oder der Anzahl von Defekten in einer festgelegten Bohnenmenge.

Grüner Kaffee/Grüne Bohnen Ungeröstete Rohkaffee-Bohnen.

Hochlandkaffee Kaffee, der auf einer Höhe von über 1.000 Metern wächst. Er ist in der Regel von besserer Qualität als Tieflandkaffee, da er aufgrund der niedrigeren Temperaturen langsamer wächst und ein komplexeres Aroma ausbildet.

Hybrid Kreuzung zweier Kaffeearten.

In Reposo Ruhezeit der aufbereiteten Kaffeebohnen, bevor sie von der Pergamenthaut befreit werden.

Kaffeegürtel Gebiet rund um den Äquator, in dem der Kaffeebaum gedeiht.

Kaffeejahr Vor allem in der Wirtschaft übliche Bezeichnung für die Zeit zwischen dem 1. Oktober und dem 30. September des darauffolgenden Jahres.

Kaffeekirsche Frucht des Kaffeebaums, in der die Kaffeebohnen heranwachsen.

Kaffeerost Pilzkrankheit, die die Blätter der Kaffeebäume befällt, in Folge stirbt der Kaffeebaum ab.

Kaffeespezialitäten Besondere Rohkaffees, die bevorzugt aus direktem Handel stammen oder rückverfolgbar sind und deren Eigenarten durch die Röstung betont werden. Jede Spezialität hat ihren eigenen Geschmack.

Koffein Anregende Substanz im Kaffee, gehört zu der chemischen Stoffgruppe der Alkaloide.

Kopi Luwak Die Kaffeebohnen sind im Verdauungstrakt einer indonesischen Schleichkatzenart fermentiert. Der Kaffee hat ein schweres, moschusartiges Aroma (siehe Seite 95) und zählt zu den teuersten Kaffees am Markt.

Latte Art Bilder, die mithilfe von Milchschaum und Crema auf den Cappuccino »gemalt« werden.

Mahlgrad Partikelgröße des gemahlenen Röstkaffees, hat entscheidende Auswirkungen auf die Extraktion der Kaffeebohnen.

Maillard-Reaktion
Die Maillard-Reaktion ist eine nichtenzymatische Bräunungsreaktion, bei der Zuckerteile mit Aminosäuren (Proteinen) zu neuen Verbindungen reagieren. Die entstehenden Stoffe tragen zur Bräunung und zur Aromabildung bei. Die Maillard-Reaktion setzt bei Temperaturen ab 100 °C ein. Fällt die Maillard-Reaktion zu heftig aus, entsteht unter anderem Acrylamid, das die Entstehung von Krebs begünstigen kann.

Massenware Kaffee, dessen Preis sich nicht nach der Qualität richtet, sondern nach Angebot und Nachfrage. Eine Rückverfolgbarkeit ist in der Regel nicht gegeben, aber auch nicht von Bedeutung, da dieser Kaffee häufig ohne Herkunftsangabe verkauft wird.

Mokka Starker, kleiner Kaffee, benannt nach der Hafenstadt im Jemen, in welcher der Kaffeehandel begann.

Nassaufbereitung Fermentation der entpulpten Kaffeekirschen in Wasser, vor dem Trocknen.

Peaberry Eine runde Kaffeebohne, die allein in einer Kaffeekirsche gewachsen ist.

Pergamenthaut Schützende Haut, die den Rohkaffee während der verschiedenen Aufbereitungsstufen bis zum Transport umgibt.

Pergamentkaffee Nass aufbereiteter Kaffee nach dem Trocknen. Die Bohnen sind noch von der schützenden Pergamenthaut umgeben.

Perlbohne (siehe Peaberry)

Pulpe Fruchtfleisch der Kaffeekirsche, das die Kaffeebohnen umgibt.

Robusta Bezeichnung für Coffea Canephora, der am zweithäufigsten angebaute Kaffee weltweit.

SHB Strictly Hard Bean, steht für erstklassige Hochlandkaffees mit hoher Dichte.

Siebträger Haltegriff mit Sieb, mit dem das Kaffeemehl in die Espressomaschine eingespannt wird.

Silberhäutchen Dünne Haut, die die Kaffeebohnen umschließt. Sie wird spätestens beim Rösten entfernt.

Stinkerbohne Überfermentierte Bohne, die bei der Farbkontrolle aussortiert werden kann. Ihr unangenehmer Geruch macht sich erst nach dem Mahlen bemerkbar.

Stripping Pflückmethode, bei der sämtliche Bohnen von einem Ast abgestreift werden, ohne auf deren Reifegrad zu achten.

Tampern Verdichten des gemahlenen Kaffees im Siebträger zur Zubereitung von Espresso. Es ist notwendig für eine gleichmäßige Extraktion.

Trockenaufbereitung Die Kaffeekirschen werden in der Sonne getrocknet, auch »natürliche Aufbereitung« genannt.

Typica Die älteste, ursprüngliche Arabica-Sorte.

Überextraktion Zu viele Inhaltsstoffe werden aus der Kaffeebohne gelöst, sodass der Kaffee sehr bitter, zuweilen fast unangenehm schmeckt.

Unterextraktion Zu wenig Inhaltsstoffe werden aus der Kaffeebohne gelöst, was zur Folge hat, dass der Kaffee oft wässrig und/oder sauer schmeckt.

Varietät Kaffee-Unterart. Vor allem bei Arabica-Kaffees wird üblicherweise nach Varietäten unterschieden.

Weltmarktpreis Kaffeepreis, zu dem Kaffee an der Börse gehandelt wird. Er hat oft nicht viel mit dem zu tun, was gute Kaffeeröstereien für ihre Spezialitätenkaffees bezahlen.

REGISTER

IMPRESSUM

Produktmanagement
Raffaela Niermann, Annemarie Heinel
Textredaktion Regina Jooß
Layout, Satz und Umschlaggestaltung
Studio SÜD, Ravensburg
Repro LUDWIG:media, Zell am See
Herstellung Barbara Uhlig
Texte und Rezepte
Texte: Isolde Richter, Max Bauer,
Thomas Steinke, Anja Ashauer-Schupp;
Rezepte Getränke: Thomas Steinke;
Rezepte Gebäck: Giordano Colombi
Fotografie Carolin Friese und
Dinzler Kaffeerösterei
Illustrationen und Grafiken
Eva M. Salzgeber

Printed in Germany by
Grafisches Centrum Cuno

Unser komplettes Programm
finden Sie unter: www.christian-verlag.de

Die Deutsche Nationalbibliothek verzeichnet diese Publikation in der Deutschen Nationalbibliografie; detaillierte bibliografische Daten sind im Internet über http://dnb.d-nb.de abrufbar.

ISBN 978-3-95961-094-0

BILDNACHWEIS

Dinzler Kaffeerösterei: 3 rechts, 20, 41, 55 außer unten, 63, 73, 77, 90, 91, 94, 144, 168,
Carolin Friese: 10, 13, 15, 19, 40, 67, 105, 108, 110, 115, 118, 128, 141, 143, 157, 160, 161, 162, 165, 167, 172, 174, 176, 177, 179, 181, 183, 184, 186, 187, 188, 190, 193, 196
J. Christian Jebsen: 55 unten, 78, 81, 102
www.picture-alliance.com:
CPA Media: 26
www.shutterstock.com:
bonga1965: 4 (links); Alpha_7D: 5; Byron Aguilar: 51; Alf Ribeiro: 84

Die Kaffeefakten der Grafiken sind dem Kaffee-Kompass 2015/2016 des Deutschen Kaffeeverbands entnommen.

★★★★★

Sind Sie mit diesem Titel zufrieden? Dann freuen wir uns über Ihre Weiterempfehlung.
Erzählen Sie es im Freundeskreis, berichten Sie Ihrem Buchhändler oder bewerten Sie bei Onlinekauf.
Und wenn Sie Kritik, Korrekturen, Aktualisierungen haben, freuen wir uns über Ihre Nachricht an Christian Verlag, Postfach 40 02 09, D-80702 München oder per E-Mail an lektorat@verlagshaus.de